左より代表取締役社長 今中 康仁・取締役副社長 小松 圭介

京都を愛するすべての人へ

今日は、
誰と、
おいしいものを
食べましょうか？

Illustration　Maki Irie

G.B.Gafas Presents

めがねが似合う、京都の風景 vol.1

喫茶店とめがね

トレンドに合わせたボリューム感のあるボストン型のアイウェア。いつの時代にも美しいと評される形は掛け心地も考慮され、重くなりすぎないよう細部にこだわったデザインが魅力。

撮影場所：甘党茶屋 京 梅園 三条寺町店

喫茶店で心躍るめがね、あります。

1994年のオープン以来、国内外のブランドから独自の感性で才気溢れるデザイナーの情熱が込められたアイウェアをセレクトし、一人ひとりの用途やファッションに寄り添うご提案で多様化するニーズに応えてきた『G.B.Gafas』。今回着用しているのは、デザイナーの山岸稔明氏が流行にとらわれすぎず、普遍的な形を追求したブランド［YELLOWS PLUS］のフレーム。伝統と革新の融合から生まれるタイムレスなデザイン、丁寧なモノづくりによる仕立ての良さと細部の美しさには、古き良き時代の空気感が残り、レトロな喫茶店の空間によく似合います。

Recommend

（上※モデル着用）
YELLOWS PLUS BENNET-529 ¥44,000
（中）
DEFONTAINE 31-39 ¥50,600
（下）
Lunetta BADA 73/03-0510 ¥55,000

Instagram：@G.B Gafas_KYOTO

KYOTOZINE

Issue 02　“Local Food Culture”

京都を愛するすべての人へ
To all who love Kyoto

京都の、おいしい

008	「おいしい」はどこから来るのか？	〈イル ギオットーネ〉笹島保弘 〈お菓子教室 シトロン〉山本稔子 〈ラ ビオグラフィ〉滝本将博
016	料理、それはダンスをするように。Cafe Milletが“おいしい”理由。	隅岡樹里
026	おいしい絵本ができるまで	作家 マメイケダ、編集者 筒井大介
020	cook knoll で探る、家族的料理店の姿	〈cook knoll〉
024	MIX ! for GOOD MOOD　CORNER MIXのちいさなチャレンジ	〈CORNER MIX〉
030	特別な日も、日常も。いつもそばに「だし巻き」	〈三木鶏卵〉
034	保存食LABの1週間日記	増本奈穂
038	麗しき、お弁当の世界	〈乙文〉
044	日本酒から広がる「おいしさ」を訪ねて	〈益や酒店〉、伏見酒造組合 理事長 北川幸宏
048	京都の北と南で育まれる　底なき、クラフトビールの魅力	〈ASOBI BEER〉〈ことことビール〉

Publisher
大垣守弘

Editor-in-chief
大垣守可

Deputy Editor
島村幸江

Editors
小島知世
瓜生朋美（文と編集の杜）
橋本佳歩（文と編集の杜）
佐藤歌子
市野亜由美
西内亜都子
土井淑子（P111、P116）

Art Director
庄司竜郎

Designers
桶川真由子（Neki inc.）
北尾崇（HON DESIGN）
西堀裕美
中瀬未恵（グロースデザイン）
片山さくら
福岡貴恵
中村恵理

Proofreading
八木真望

Advertising
中西真也
荒木邦久

Assistants
大崎智子（大垣書店）
西沢捺未（大垣書店）

Special Thanks
木村元紀（クリエティブディレクター）

Printing
藤原製本

Cover
Design
庄司竜郎

Logo Design
三重野龍

Photography
岡本佳樹

嵯峨野に息づく 神聖な野宮《ののみや》神社

黒木鳥居

黒木の鳥居は、すべての鳥居の原形といわれる最も古い形の鳥居で、クヌギの樹皮を剥かずに丸太のまま組まれている

本殿

緑に囲まれた本殿には、主祭神の学問の神、野宮大神（天照皇大神）が祀られ、健康と知恵を授けるご利益がある

恋の絵馬

「恋の絵馬」1200円
葵の葉がハート形に見えることから、かわいいと話題を集める恋愛成就、良縁祈願を願う絵馬。一枚ずつ手作りされている

雅御守

「雅御守」1500円
源氏物語をイメージした平安ロマンが感じられる開運招福のお守り。平安時代の装束の女性と男性貴族の2種類がある

亀石

野宮大黒天の前に鎮座する神石「亀石」。石をなでながらお祈りすると一年以内の願い事が成就すると言われている

2基の神輿が巡行する嵯峨祭

嵯峨祭は、愛宕神社と野宮神社の神輿が巡行する祭礼（主催は嵯峨祭奉賛会）。元禄4（1691）年に松尾芭蕉も見物したという。そのはじまりは南北朝時代（1337-1392）年が終わった頃からといわれる。2基の神輿は神幸祭で清凉寺前にある御旅所に祀られ、一週間後の還幸祭では2基の神輿と共に、魔物を祓って清める5本の剣鉾、獅子舞、子ども神輿、稚児行列などが嵯峨と嵐山一帯を巡る。総勢1000人もの行列がねり歩く姿は壮観だ。

神幸祭
2025年05月18日（日）10：00～
愛宕野々宮両御旅所（清凉寺前）
還幸祭
2025年5月25日（日）10:00～
清凉寺から渡月橋まで嵯峨・嵐山一帯

野宮神社から季節のコラムをお届けします

Vol.1 - 野宮神社とは？

源氏物語にも登場する、縁結びの神様が宿る神社

空まで高く伸びる竹が整然と立ち並ぶ「竹林の小径」。そんな竹林の中にある野宮神社は「斎王」ゆかりの神社として知られている。斎王とは、天皇に代わって伊勢神宮に仕えた女性のことを指し、天皇の代が替わる度に皇族の未婚の姫の中から決められた。宮城外（天皇の住まいとその周辺以外）の清らかな地として選ばれた「野宮」で、斎王は伊勢に参る前の1年間、身を清められたそう。最初の斎王を務めたのは、平安時代のはじめ嵯峨天皇の皇女、仁子内親王とされており、南北朝時代までこの斎王制度は続いたという。

境内には、学問の神「野宮大神」、子宝・安産・商売繁昌の神「白福稲荷大明神」、財運・芸能の神「白峰弁財天」、縁結びの神「野宮大黒天」など、実にさまざまな神様がご鎮座する。中でも野宮大黒天は、そのご利益ゆえ女性から親しまれ、野宮神社といえば縁結びの神様のイメージが定着した。奉納木や絵馬に良縁祈願が多いのも、そのご神徳の高さゆえだろう。大黒天の横にある亀の形をした「亀石」は、多くの参拝者の祈願によって美しく黒光りし、その人気ぶりが伺える。

また、野宮神社は『源氏物語』の「賢木の巻」に登場し、光源氏が六条御息所を訪ねる場面の舞台として描かれている。物語で描写された黒木の鳥居や、クロモジの木を束ねた小柴垣は、今もその姿をとどめており、何とも感慨深い。

嵯峨野めぐりの起点として通年多くの観光客でにぎわう野宮神社。苔を用いて嵐山を表した庭園「野宮じゅうたん苔」をはじめ、モミジ・椿・石楠花・馬酔木などが境内を彩り、季節毎にその表情を変え参拝者を楽しませている。

京都のおいしいハンドブック

064	ビジネス利用したい店、夜遅い目に狙いたい店	『京都速報』編集長 細井悠玄
070	いつものおやつ	〈京町家ギャラリーbe京都〉館長 岡元麻有
074	国籍を超えて楽しめる京都の味	エリック・ルオン
078	子どもに優しいお店	〈聖護院八ツ橋〉鈴鹿可奈子、陶芸家・文筆家 SHOWKO
082	京都の食堂はおもしろい	立命館大学 加藤政洋
086	ひとひねり効いた 手土産&おもたせ	料理家 小平泰子
092	京都の行事食カレンダー	

— Ogaki selection —

100	京都の布、使う愉しみ
102	清水寺学峯
119	市長ブラブラ おいしいさんぽ

— 連載 —

107	Column	明日を生きるための京都／土門蘭
109	Essay	編集者目線の京都／今野正悦（講談社現代新書）
110	Interview	絵本作家 荒井良二
111	Music	春・夏・秋・冬MUSIC
112	Art	ナミキキヨタカのシッタカブリアンの午睡
114	Movies／Picture books	映画／書店員おすすめの本
115	Cooking	All you need are these recipes.
116	Comic	ひみつの発酵食
117	Questions	京都の「?」を解消&お悩み相談

104	購読のご案内
105	読者アンケート
118	編集後記 / 私の1冊
120	次回予告

KYOTOZINE（Issue02）
©株式会社大垣書店 2025
©Books Ogaki Co.,Ltd. All Rights Reserved　禁・無断転載
広告のお問い合わせ／株式会社KYOTO EAT&STAY（shinya@eatandstay.kyoto）

乱丁・落丁本はお取替えいたします。本文の一部または全部の複写（コピー）・複製・転訳載および磁気などの記録媒体への入力などは、著作権法上での例外を除き、禁じます。これらの許諾については、弊社までお問い合わせください。本誌編集ページに記載されている商品の価格は特別な表記のある場合を除き、すべて税込み価格です。店舗情報などは2025年1月現在のものです。予告なく変更になっている場合がありますので、事前にご確認ください。

特集1

京都の、おいしい

街ににぎわいが帰ってきた京都。
名店や人気店がひしめき合う京都だけれど、
日々の暮らしに寄り添う、温かくてささやかな〝おいしい〟京都も、
見つめていきたいと思うのです。
ハレの料理ではなく、ケのごはん。
京都人が愛してやまない味とは？
ローカルで等身大な、京都の〝おいしい〟をご紹介します。

Illustration　Mame Ikeda　　掲載している情報は2024年12月現在のものです。

できたての食事をみんなで囲んで一緒に食べるおいしさ。
レストランで少しおめかししてハレの日の食事を味わうたのしさ。
家族のために作る料理の温かさ。
場所は違えど、その真ん中に「おいしい」と顔がゆるむ瞬間があって、
人生の喜びにつながっていく。
おいしい、と感じる気持ちはどこから来るのだろう?
その秘密を写真とともに探る——。

Where deliciousness comes from

「おいしい」はどこから来るのか?

Text Yukie Shimamura / Photo Yoshiki Okamoto

シンプルに、トマトとガーリックオイルに塩の味付けのみのポモドーロ。玉ねぎすら、入らない。
イタリアの定番家庭料理だが、ここはリストランテ。ひと口食べるとその深い旨みに驚くだろう

たっぷりの水に大きな昆布を入れてパスタを茹でる。パスタが昆布の旨みを吸い込むことで深い味わいにつながっていく。笹島保弘シェフはトマトソースを吸わせる余分を残すように、少し固めに茹でて、引き上げた。「シンプルな料理ほど、教えるのが難しいよね。勘というか、体で感じて分かるまでは。パスタの茹で加減とか、トマトの味も毎日違うから、その微調整は必要だよね」。素材に対してストレスなく最小限の加熱をしたいので、ソースの作り置きもしないという

IL GHIOTTONE

イル ギオットーネ
075-532-2550
京都市東山区八坂上町388-1
https://ilghiottone.com

1

2

1. 教室を開く山本さんの自宅には自然とレモンが集まってくる。これは生徒さんから届いた自家製のレモン。
2. ガトー・ウィークエンド。切り分けると、ほんのりと黄色い生地が顔を出した特集1　京都の、おいしい　｜　「おいしい」はどこから来るのか？

お菓子教室〈シトロン〉
おかしきょうしつ〈しとろん〉
050-1402-7892
京都市東山区五条橋東4丁目432-27
https://www.citron-kyoto.com
山本さんの著書『京都のお菓子教室シトロンのレモンのお菓子』
（京阪神エルマガジン社）も好評発売中

ガトー・ウィークエンドのポイントは、混ぜすぎないこと。料理教室や著書の中でも、主観的な伝え方ではなく具体的に混ぜる回数を伝える。それは家庭で作っても、おいしいお菓子ができるようにする山本稔子さんの工夫の一つ。生地には果汁ではなくレモンの皮が入るだけ。生地の表面にグレーズされた美しい艶の中に、キリリとしたレモンの酸味が効いて、ほろほろとした生地と溶け合い、口の中でほどけていく。このおいしさが家庭でも作れる

根菜のひと皿。静原の特級畑、三五郎農園から届いたオレンジや紫のカラフルな根菜の色彩に、ビーツと春菊の2色のソースがまるで絵画のように皿を彩り、クスクスの食感もアクセントに。野菜と昆布ダシで炊き合わせて、できたスープもカップで添えられ（下）、まるで絵画における図と地の関係のよう

おいしい、という感動はどこからやってくるのか。それぞれスタイルや立場の違う3人のシェフに取材をお願いして、メニューを作る様子を見せていただいた。
「飲み会の〆にこのポモドーロだけ食べに来てくれることもあるんですよ」とは前ページでご紹介した〈イル ギオットーネ〉の笹島さんの言葉。トマトの旨みがぎゅっと閉じ込められたシンプルなパスタに、心の奥から〝おいしい〟余韻が続く。作る工程の中にいくつものシェフの工夫が散りばめられていて、その手間を惜しまない。そして素材に余分なストレスをかけない。豊かな湯の中でパスタが茹でられ、ソースになるトマトも必要な分だけ加熱して作られる。そこから、あのおいしさにつながっていく。

家庭の設備でも、必ずおいしいお菓子が作れるようにと、レシピの制作やその的確な伝え方まで慎重に吟味するのは、〈シトロン〉の山本さん。「このガトー・ウィークエンドの場合は、混ぜすぎることが失敗につ

特集1　京都の、おいしい　|　「おいしい」はどこから来るのか？

Where deliciousness comes from

1. はじまりのアペリティフより、5つの味覚。左から、塩味でそうめんとキャビア、酸味でまるで畑から取り出したようなラディッシュに黒オリーブを纏う。うま味で京人参とオレンジのムースにマスの卵を添えて、甘味にフォアグラへ甘いスパイスを絡ませた一品に、苦味で堀川ごぼうにうなぎの炭焼きを巻いたもの。
2. オープンカウンターのキッチンはまるで演劇を観ているかのような臨場感が味わえる

La Biographie...
ラ ビオグラフィ
075-823-6005
https://la-biographie.info

ながるので、具体的な回数をレシピに書くようにしました。ふんわりと混ぜる、とレシピに書かれていても、人によって感覚が違うから」。それぞれの家庭で、"おいしい"と笑顔になれるように。

「実は、人の味覚は曖昧で、素材の心地良い温度で持っている糖分を引き出せさえすれば、誰でもおいしい、となりますよ。甘みは小さな子どもでも受け入れてくれる味覚だからです」とは、〈ラビオグラフィ〉の滝本将博さん。舌で感じる味は5つあり、甘味、塩味、酸味、苦味、うま味が基本で、その味わいのバランスに強弱をつけまとめると"おいしい"につながっていくという。感じるか感じないかくらいの繊細さと、その組み合わせの発想力。

見えてきたのは、見えないところで食べる人へのさまざまな工夫が込められている、ということ。当たり前のようだけれど、私たちの想像を超えるほどの手間と工程が詰まっていて、そんな作り手のおいしさへの工夫は、そのまま料理の味わいになり、食べる人の"おいしい"という感動につながっていく。

料理、それはダンスをするように。

Cafe Milletの“おいしい”理由。

京都市内から車で約20分。小さな集落が広がる里山・静原で営む〈Cafe Millet〉へ。2006年にオープンしたこの場所は、2014年からお店の隣で畑を耕し、料理に使う野菜のほとんどを自分たちで手掛けるようになった。畑とお皿が通ずる場所。ここで味わう“おいしい”秘密を探ってみたい。

Text　Tomoyo Kojima / Photo　Akira Okimoto

コースはランチコース3500円のみ（予約制）。この日のメイン料理は、「かぼちゃのクロケット、七夕豆とすぐきのソース」

1.陽の移り変わりも心地よく感じる、静原の自然　2.日々の収穫は店の隣のミレットガーデンで　3.店主・樹里さんの母・佳寿子さん。菜園で野菜やハーブを育てる　4.手作りの石窯で日々のパンと時にはピザを

席につき静原の里山を見渡していると、料理の音と共に野菜をグリルするほんのり甘い香りで店内は包まれる。ここ〈Cafe Millet〉では、力強い味わいが漲《みなぎ》る野菜のコース料理が繰り広げられる。

店主の隅岡樹里さんが、料理に興味を持ち出したのは小さな頃からだったというが、一つの起点となったのは高校生の頃だった。

「当時、人とのコミュニケーションが苦手だった」と語る樹里さんは、「自分は何のために生まれてきたのか？」と思いを巡らせることが多く、そんな時に救ってくれたのが、この育った静原の自然だった。

「ふと自然に目を向けた時に、何も変わらぬその偉大さを感じるようになって。自然が喜ぶことをしたいと思うようになったんです。ちょうど父の知人が書いた『マザーアース・キッチン』という本を手にしたことも重なって、ベジタリアンという料理の世界に興味を持つように。もともと料理は好きだったけれど、自分が作る料理は、自然環境に負担がかからないものを作りたい、そういう世界で生きたいと考えるようになりました」

そこから環境に配慮したマーケットイベントへ足を運ぶようになり、今まで出会ったことがない人たちとの出会いがあった。家族みんなで自給自足をして暮らしている人、自分で育てた小麦を使ってチャパティを作る人。興味をそそる人たちとの出会いが、隅岡さんの新たな扉を開いた。

京都芸術短期大学（現在は京都芸術大学へ再編）を卒業したあと、今はなき〈Prinz〉の立ち上げに関わり、料理を担当することに。その後、大阪・中崎町の〈コモンカフェ〉での営業を経て、２００６年に〈Cafe Millet〉をオープンさせた。

「大学の頃から、自分の店を始めるなら石窯をつくりたいと考えていました。その後、京都の修学院に自分で石窯をつくり、粉を挽いてパンを作る竹下晃朗さんと出会って。石窯づくりとパンづくりだけでなく、頭や手を使って作りだす喜びがあることをより感じる経験でした」

自家製パンを出す料理人は多いけれど、石窯から自家製する料理人はどのくらいいるだろう？　隅岡さんは〈Cafe Millet〉をオープンしてから、石窯パンのワークショップを開くように。そこへ参加者として訪れたのが、今の夫・隅岡敦史さんだ。現在〈Cafe Millet〉の食材の多くは、敦史さんが作る小豆や小麦、樹里さんの母・佳寿子さんが作る菜園が担っている。

「店を始めた頃は京都の〈やおや ワンドロップ〉さんや〈キッチンガーデン〉さんなどから仕入れたものがほとんど。あとは、母が趣味で作っていた野菜を使っていました。10年前に夫が畑をするようになって、今は使う食材の多くは店の畑から。当たり前のことだけれど、育てるようになってとれたての野菜が持つエネルギーは全然違うと、実感しました。間引きした野菜や成長過程の野菜も、育てていなければ食べられない恵みのような。自分たちで作れば、その時々の味わいを楽しめることを知りました。畑をやるから見える世界があった。命を食べることをより深く考えるようになったし、より楽しくなりました」

畑とお皿を直接つなぐうえで樹里さんが考える大変さは、ごまかせないことだとい

前菜。右奥から「自家製豆腐」、「かぼちゃのテリーヌ」、「菜の花のヘンプシード合え」、「シャドー・クイーンとキノコのキッシュ」、「大根のピクルス」、「さつまいもとりんごのサラダ」、「酵素玄米のおむすび」

1.まろやかな「菊芋のポタージュ」と「自家製パン」　2.野菜の甘みを引き出した「とれたて野菜のグリル」　3.「りんご酵素のカカオケーキ」、ほのかにいちごの甘酸っぱさを感じる「甘酒のシャーベット」

う。野菜の味わいを引き出すシンプルな調理であるからこそ、どのように手をかけて育ててきたかが直球で食べる側へも伝わる。〈Cafe Millet〉で食べるひと皿は、お腹を満たすだけでなく野菜の人生を味わう行為でもあるようだ。

「野菜のエネルギーが届いた時に感じるおいしさってあると思う。野菜が持っている命が響く瞬間というか。それは言葉を超えた〝おいしい〟感激だと思います。だから私はあんまり、料理に自分の我を出さないほうがいいなと思っています。自然ってすごく綺麗でパーフェクトな存在だから、そのエネルギーやそこから感じる喜びを崩さないように、偶然が重なってひと皿になる。それはたぶん、ダンスを踊るような感じ」

野菜の持つ命の響きに体が呼応するかのように料理をする。その瞬間を樹里さんは、「自然界のエネルギーを食べ手に届け、循環するためのパイプ役のようだ」と語る。

計り知れない大地の力を、ここ静原の自然を眺めながらゆっくりと味わいたい。

Cafe Millet

カフェ ミレット
075-888-0878
京都市左京区静市静原町1118
https://www.cafemillet.jp/CAFEMILLET

cook knollで探る、家族的料理店《ファミリーレストラン》の姿

2024年夏にオープンし、あっという間に予約推奨のお店となった〈cook knoll〉。ちいさな小山が連なるような外観に、扉を開ければ、温かくも哀愁の漂う店内。そこには“おいしい”料理だけでなく、愛おしく感じる何かがある。自らを「ファミレス」と名乗る〈cook knoll〉が魅せるものとは？

Text　Tomoyo Kojima / Photo　Akira Okimoto

2

3

1.牛肉と豚肉の合挽きで作る「ハンバーグステーキ」2200円。ひと口食べると、肉肉しさとあっさりしたデミグラスソースが相まって、至福の時間　2.デザートには必ず一度は食べてほしい「フレンチクルーラー」400円。ふんわりした生地にザクっとした砂糖がふりかかり、軽やかなおいしさ。思わず、おかわりしたくなる　3.ホールを担う飯田帆波さん。カウンターをはじめ什器制作は京都の〈ものや〉が手がけた

1

「ファミレス」という言葉を耳にした時、私たちが思い浮かべるのはどんなお店だろう？　室内を隅々まで照らすような明るさのもと、4人掛けのソファ席が並ぶ広い店内。何度でも楽しめるドリンクバー。でもここ〈cook knoll〉は、そんないわゆる「ファミレス」の言葉の意味を見つめ直したくなるような空間だ。そもそも「ファミレス」って、どんなお店なのだろうか。

夫婦二人で始めたこの店は、妻の帆波さんがホールを担当し、夫の勇人さんが料理を担当。「ハンバーグステーキ」や「バターミルクフライドチキン」など、子ども心（だけでなく大人心も）をわくわくさせるようなメニューが並ぶ。デザートには、空気を包み込んだような軽やかさの「フレンチクルーラー」を愛してやまないファンが多い。家族で、だけでなく友人同士で訪れても、ちょっぴり贅沢で特別な気持ちになれるおいしさが詰まっている。しかし、おもしろいことに、二人が目指しているのは料理店ではないという。

「もともと、彼が幼少期に体験した、家族でご飯を食べに行ったしあわせな記憶がお店の土台にあって。当時感じたあたたかい気持ちになるような場づくりをしたいと思っていたんです」

家族みんなが自然と優しい気持ちで過ごせる場所。そう考えていくうちにたどり着いたのが、料理を出す場だった。「食は誰にも通ずることであり、食事から別の興味へも広げやすい」というのも、場づくりにおける一つの視点だった。勇人さんはベーカリーやレストランで経験を経て料理の腕を磨くなか、二人で物件探しの日々が始まった。場所として理想と考えていたのは、高度経済成長期にできたような建物。「いま新しく作ろうと思っても、なかなかできないような造りの建物を探していた」と二人は振り返る。

「建物のイメージを優先していたので、日本全国の物件情報を見ていました。ここの話を聞いた時、内見した瞬間に『ここでやるんだろうな』というイメージが湧いてきた」と、帆波さんは語る。そして、空間として目指していたのは、「いろいろな世代が交差するような雰囲気のある場所」と言った。

「子ども連れの家族ももちろんですが、おじいさんやおばあさんが一人でふらっと入って来られたり、さまざまな世代が思い思いに過ごせたりできる場所にしたかった。京都の〈トラモント〉さんは憧れのお店の一つなのですが、まさにいろいろな世代が交差する雰囲気の場所なんです」

ふと店内を見渡すと、チェックのテーブルクロスが窓際の席にだけかけられている。「今日はこの人が来てくれるから、このテーブルクロスにしようって、お洋服感覚で変えています。お客さまの雰囲気に合わせたいと思って」。そう、まるで親戚や友人家族を招くかのように、ここでは食卓の景色が作られている。

ここで過ごしたひとときを「あたたかな愛おしい時間」として記憶に留められるのは、そんな心意気があるからだろう。「家族向け」から「家族のように」に目線を変えたファミリーレストラン。それこそが〈cook knoll〉が生み出した、〝家庭的料理店《ファミリーレストラン》〟の姿といえるのではないだろうか。

1.大きな窓から日差しが降り注ぐ特等席。店内のどこか懐かしい空気感に、初めて来ても癒される　2.ファミレスの定番を軸に、「誰もが食べたことがあるメニューも、丁寧に作るとこんなにおいしいんだ！ と驚かせたい」と勇人さん　3.小山のようなギザギザの外観。以前は〈グリル&ティー シモフサ〉という洋食店だったそう　4.家族の日常を撮るかのようにメニュー用に料理の撮影をする帆波さん。眼差しから料理への愛を感じる　5.床に貼られたヘリンボーンのタイルをはじめ内装は以前のお店のまま。近所の人たちが「おっちゃんも喜ぶわ。この床が自慢やったから」と教えてくれたそう

3

2

4

5

cook knoll

クック ノール
京都市北区小山堀池町29
Instagram @cook_knoll

MIX! for GOOD MOOD

CORNER MIXのちいさなチャレンジ

二条城近くに、2022年にミックスジュース専門店としてオープンした〈CORNER MIX〉。「MIX! for GOOD MOOD／まぜると、きっとうまくいく！」を合言葉に、この場所を耕してきた。2周年を迎えた〈CORNER MIX〉の現在地をのぞいてみよう。

Text Tomoyo Kojima / Photo Masaya Yoneda

ちいさくも楽しいアイデアで街の人々を楽しませている〈CORNER MIX〉。MIX BIKEを漕いで作る「BANANA MIX」や、廃棄食材をレスキューしアップサイクルする「RESCUE MIX」など、メニューに目を走らせるだけで、その心意気に魅せられてしまう。

「おいしくて、みんなが楽しくなれるミックスジュース。その背景に、漕いでジュースを作るバイクやレスキュー食材があることで、地球に優しいことを考えるきっかけになったらいいなと。また、アーティストの展示やトークイベントなどもこしらえ、世代を超えて文化を超えたいろいろな人が混ざり合うきっかけを作ろうとしてきた」と、スタッフの榎藍香さん。そんな思いは外にも届き、これまで近所の老舗甘納豆屋〈SHUKA〉とのメニューも生まれたそう。

「〈SHUKA〉さんから、甘納豆づくりで余るピスタチオのシロップを活用したいというお話を聞き、［RESCUE MIX］の一つとして［PISTACHIO SOY］をはじめました。このシロップは［BANANA MIX］にも使っています」。バナナのフレッシュな甘味に、ピスタチオシロップのコクが合わさるとびきりのおいしさ。最近では、フレッシュなミックスジュースに魅せられた子どもたちが、お小遣いを握りしめてキッズサイズを飲みにくる姿も。また、ゆくゆくは近くの二条公園を活用したいと考えているそうで、アイデアは止まらない。

「ミックスジュースづくりのワークショップをすると、狙った通りの味わいにならない時があるんです。でも、それはそれでおもしろい。ジュースも場所も同じで、そんなチャレンジを楽しめるのが『GOOD MOOD』

ポイントは、10～20の数値を保って、
バイクを漕ぐこと！

おいしいバナナジュースのために、
ゴーゴー！

1.イラストや写真など作品がかかる店内。展示はだいたい2ヵ月に1つのペースで　2.ザクザクのフライドオニオンとパリッとしたソーセージがクセになる。「片手で食べられる、アメリカンなホットドッグ」550円　3.「MIX BIKEでつくる！BANANA MIX」660円。出来立てのジュースのおいしさといったら！　MIX BIKEは株式会社おいかぜの「ワワワ」プロジェクトとの共同開発

だなと思っています。だから、みんなが自由で心地よい。新しいきっかけを生む余白がある空間でありたい」

一人の力では実らなそうと思っても、ここなら志を共にする誰かと出会えるかも？そんな日常を楽しもうとする空気で溢れる〈CORNER MIX〉のこれからを、乞うご期待！

CORNER MIX

コーナーミックス
075-278-8647
京都市上京区主税町950 1F
https://mixmixmix.jp

mameikeda × tsutsui daisuke

おいしい絵本ができるまで

作家
マメイケダ

×

編集者
筒井大介

絵本を開くと現れる食べものの数々。読んでいくうちにお腹が減ったり、忘れられない食べものがあったり……絵本と食べものにまつわる記憶のある人は多いはず。作家・マメイケダさんの絵本『おなかがへった』は、日常にある食事の風景の尊さを教えてくれるようだ。この絵本のなかに宿る“おいしい”は、どのように生み出されていたのだろう？ マメイケダさん、筒井大介さん。その絵本ができるまでを、教えてください！

Text Tomoyo Kojima / Photo Masaya Yoneda

profile

マメイケダ

島根県生まれ。画家、イラストレーター。食べたごはんや日常の風景を、主に描く。これまでの絵本の作品に『おなかがへった』(WAVE出版)、『えきべんふうけい』(あかね書房)など。展覧会での発表や書籍・雑誌の装画など、幅広く活躍中。京都の好きなお店は、薄明かりとおいしさがいつも翌朝の脳裏に漂う〈ユーゲ〉。

筒井大介

京都在住の絵本編集者。担当作にミロコマチコ『オオカミがとぶひ』(イースト・プレス)、荒井良二『こどもたちはまっている』(亜紀書房)、町田尚子『ネコヅメのよる』(WAVE出版)、三好愛『ゆめがきました』(ミシマ社)など。水曜えほん塾、nowaki絵本ワークショップ主宰。京都の好きなお店は、フレッシュなスパイスで癒してくれるインド料理店〈ムガール〉。

きっかけは、惣菜売り場のポップ

**―まずは、印象に残っている
絵本の中の食べものをお聞きできたら。**

筒井大介（以下、筒）：最初に浮かんだのが『11ぴきのねこ』。ねこたちがおっきい魚を捕まえて、あっという間に骨だけになってしまうんですけど、すごく豪快に食べていておいしそうだなあ、楽しいだろうなあと。ちょっと憧れましたね。

マメイケダ（以下、マ）：私は、児童書なんですけど、えんぴつの天ぷらが出てくる作品で。ブタが出てきて、世界が変わってしまうようなお話で……名前はなんだったかな……

筒：あっ『はれときどきぶた』だね、それ。えんぴつの天ぷら出てきたっけ？

マ：そうなんです。お父さんが「えんぴつの天ぷら、おいしいぞ」って言っていて、すごい怖いけどでもおいしそう、食べてみたいなって思いましたね（笑）

筒：確かに、子どもは特に食べてみたいって思うかもしれない。

マ：あとは、『しろくまちゃんのほっとけーき』ですね。子どもの時に、絵本をモノクロコピーして、ホットケーキの色を塗った記憶があります。

筒：あのホットケーキはやっぱり憧れがありますよね。それは、かなり小さな頃の記憶ですか？

マ：そうですね。小学生になると、クラスの文集の挿絵とかを描いていたように思います。

筒：クラスに一人はそういう絵が上手い子がいたよね。マメちゃんの食べものの絵は、やっぱりインパクトがある。

**―食べものの絵は、
いつ頃から描いていたんですか？**

マ：高卒で地元の仕出・惣菜を作る会社に就職して、店舗で惣菜調理の仕事をしていたんです。そこで売り場のポップを手描きし始めたのが最初です。

筒：お店の人に、描いてよって言われたんですか？

マ：惣菜のレシピや盛り付け方などがわかりやすいように、紙に書いて厨房に貼っていたんですね。そこに挿絵もよく描いていて、その絵が上手だと褒められて。ポップも描いてみたら？と。子どもの頃ぶりに色鉛筆を出して描くようになって。次第にイラストレーターという仕事に興味を持つようになったんです。まさかなれるとは思ってなかったんですけど、やってみたいなと。

筒：すごいね、それがきっかけだったとは知らなかったなあ。

「絵本やりましょう！」のひと言で

―筒井さんとマメさんの出会いは？

筒：初めて会ったのは10年ぐらい前。大阪の〈iTohen〉でやっていたミロコマチコさんの『オレときいろ』の展示かな。

マ：そのあと〈nowaki〉で別の作家さんの展示会があって、その打ち上げで席が隣だった。

筒：そうだっけ？

マ：そうです、そうです。その時に「マメちゃん、絵本やりましょう！」って。飲みの席だったし、本当なのかな？と思いました（笑）。絵本は作ってみたいけど、物語を考えるのって難しそうでしたし。そしたらしばらくして筒井さんから連絡が来て「ラフまだですか？」って（笑）

筒：そうかあ（笑）。初めてマメちゃんの絵を見た時、何気ない街角や路地裏みたいな渋い風景を描いていながら、パワフルな食べものも描いていて、すごいなって思ったんです。なかでも、やっぱり食べものの絵にすごく魅力を感じて、絵本を作りたいなと。

**―そうやってはじまったのが、
『おなかがへった』なんですね。**

筒：マメちゃんの食べものって、おいしそうなんだけどそれだけではなくって、営みを感じさせるというか。僕は、食べることと暮らしって直結していると思うんです。マメちゃんの絵は、食べものそれぞれにまつわるさまざまな人々の暮らしが目に浮かぶようで、それがすごくいい。そういう絵って実は珍しくて、だから絵本を一緒に作れないかな？って思ったんですよね。

**―物語のイメージも、
最初からあったんですか？**

筒：物語を作るというよりは、「おなかがへった」シーンを集めて、ひと続きにするようなイメージでした。ある家族を題材にして、主人公になる子どもをひとり決める。その子の目線で家族の暮らしの様子を切り取って、お腹が減った瞬間とその時に食べるものを描く。マメちゃんと二人で、どんな食べものがいいかリストアップして。

マ：昼時の外食にうどん屋さんを描いたんですけど、最初は中華屋さんという案もありました。

筒：中華屋さんの円卓は、少しパーティー感があって。お話の最後にお母さんの誕生日ですき焼きを作るので、最後にご馳走感をとっておきたくて、うどん屋さんにしたんですよね。

―好きなシーンはありますか？

筒：全部いいけれど、「すなはまに　ちかづいて　あしで　たったしゅんかん　おなかがへった」というシーンは、特にいいなあと思いますね。そこからページをめくると、画面いっぱいに描いたイカ焼きと焼きとうもろこしが現れて。本当にお腹が減ってくる。

マ：いつも「目の前に食べものがある」目線で描いていて、自然とこういう構図になりました。それぞれのシーンも自分が「おなかがへった」と思う瞬間をベースに描いています。

筒：最後の崩れたケーキもいいよね。描く

おいしそうな香りまで漂ってきそうな、イカ焼きと焼きとうもろこし

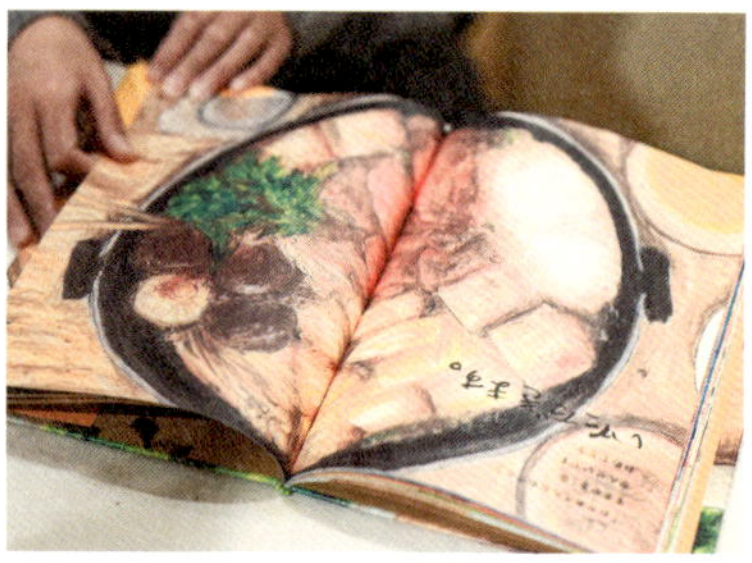

豆腐などの隣に、鍋へと割り入れられた卵を発見。マメさんの記憶の中のすき焼きが描かれることで、おいしさがぐっと伝わってくる

人の実感がすごくこもっている絵ですよね。いま話を聞いていて思ったけど、確かに食べものが自分の目の前にある様子だよね。だから食べものを前にして「これ、おいしそう」と思っている主人公の気持ちが、見ている人にも伝わってくるんじゃないかな。

―マメさんにとって初めての絵本ですが、絵だけでなく、文はどのように考えていったのでしょう?

マ：自分の経験を、小学生に戻った気分で書いてみました。

筒：絵だけでなく文章もいいんですよ。例えば一番最初の「あさです。おきたけどぼくはまだねています」っていう文が、おもしろい。それ以外にも、全編に渡ってマメちゃんのキャラクターがすごくよく現れていると感じる表現がたくさん出てきて、とても惹かれます。お弁当のシーンで「いれるのがむずかしかった　かぼちゃから　たべるぞ」とあるんですが、こういう表現も個人的な記憶や実感につながった文章だなと。

マ：絵本だけでなく普段絵を描いている時も、いろいろ思い出しながら描いていることが多いんです。それは味を思い出しているというよりは、その食べものを通して感じたことや経験したことを。「あの時、かぼちゃをお弁当箱へ入れるのに苦戦したなあ」みたいなことを思い出しながら描いています。

筒：そこが、いいところだよね。

マ：ありがとうございます(笑)。だからこのお弁当のシーンは、そういう苦戦したことを残したくて、ご飯に少しかぼちゃのオレンジ色をつけました。最後のほうのすき焼きのシーンも、卵を割り落としていて。

筒：あっ、(卵を)つけるんじゃなくて?

マ：生卵も用意されているんですけど、子どもの時は、卵は火が通っているほうが好きだったので。お肉に生卵をつける派とつけない派で分かれて、つけない派はすき焼きに卵を割り落とす。

筒：イケダ家では、すきやきがそうなっていたんだ。そういうのも絵に描かれているのは、おもしろいですよね。

個人の実感があればこそ、普遍的なものへ

―絵本の世界では、食べものは常に人気のテーマなんでしょうか?

筒：そうですね、題材としては間違いがない。その分、激戦テーマではあるので、どのような視点で扱うか、新規性が求められると思います。

―めちゃくちゃ難しそうです。

筒：おいしそうな食べものが描かれているだけで、幸せな気持ちになりますから。でも、こうやって思い返してみると、僕が編集をしてきた絵本のなかで、食べものが主題の絵本って実はあんまりなかったですね。マメちゃんの絵本だけかもしれない。

マ：でも筒井さん、食べるのも好きですよね。

筒：好きですね、たまにする外食が娯楽の大きな部分を占めている気はします。

マ：私は外食が多いです。自分の料理、あんまりおいしくないので(笑)

筒：(笑)。自分の味って飽きるしね。

マ：特に、元気をもらいたい時は外食します。去年神戸に引っ越したのですが、近所に老夫婦がやっている定食屋さんがあって、おいしいしすごく元気が出ます。

筒：どういう料理が出てくるんですか?

マ：鉄板があって、お好み焼きやうどん、そばとか。

筒：いいね。今はそういうお店、意外とありそうでないよね。

マ：神戸は実はお好み焼き屋さんが多いんです。でも大阪のお好み焼きとはちょっと違って、広島焼きに近い薄さ。あと神戸はソース会社が多くて、下町にはソース文化が結構残っていますね。

―そういう好きなお店が、創作のヒントにつながったり?

マ：そうですね、単純にそれを描いて作品にすることもありますし。でも、描きたくなるお店って店主さんや雰囲気がよかったり、何かのあとに行ったという体験だったり、あそこのビールめちゃくちゃ冷えてたなという思い出だったり、味だけじゃないおいしい理由があって。その場の空気や味わいがやっぱり好きで、絵本でもそういう部分を出したかった。単に、おなかがへっておいしいものを食べるのではなく。

筒：描く人の記憶や思い出を感じる絵であることが重要だと思うし、そういう個人の実感がある絵のほうが、人に伝わる。例えば「すき焼きの卵といえば生卵でしょ」と、整理して最大公約数みたいな絵にしちゃうと、さらっと流されてしまう気がしますね。個人の実感をいれてあげるほうが、実は普遍的なものになるような気がするので。マメちゃんの絵を好きな人が多い理由には、そういうところがあるんじゃないかな?と思いますね。

マ：めちゃくちゃ洗練されたきれいな味もおいしいんですが、作る人が滲《にじ》み出ているもの、感じられるものが、やっぱりおいしい。それに出会った時、自ずと描きたくなるんです。

筒井さん、お気に入りのシーンの一つ。マメさんは、海で泳いで立ち上がった瞬間に「おなかがへった」と感じたことを思い出しながら、このシーンを描いたそう

もっと見たい　マメイケダさんの“おいしい”作品

上／大阪の〈上川南店〉にて。「ここの〆は松前寿司と決めている」そう。 下／クロックマダム。長野の善光寺横にあるヨーロッパ〈カフェ・ル・ギャルソン〉にて

特別な日も、日常も。いつもそばに「だし巻き」

ハレの日の食事やお正月のおせち料理に。はたまた、お弁当のおかずや酒の肴にも。考えてみると、京都のさまざまな食の場を彩るだし巻き。卵にダシと調味料を加えて焼いたシンプルなこの料理にどうしてこんなにも魅了されるのか。まずは、まもなく創業100年を迎える錦市場の〈三木鶏卵〉で、だし巻きを作り上げる職人技を見せていただいた。

Text Tomomi Uriu / Photo Katsuyuki Hatanaka

錦市場の井戸水でダシをひき、強火と余熱で生み出す食感と味

錦市場、朝7時30分。人でごった返す昼間とは違い、まだ明かりが漏れている店は数軒だが、〈三木鶏卵〉では、すでに職人たちが忙しく働いている。銅製の卵焼き鍋（以下、銅鍋とする）に黄色い卵液が注がれ火にかけられると、次々にだし巻きが完成していく。

やわらかく、それでいて食べた時にしっかりと食感もある。そして冷めてから食べてもおいしい。これが1928（昭和3）年の創業時から受け継がれる〈三木鶏卵〉のだし巻きだ。その味を決めるダシに欠かせないのが錦市場の井戸水。たっぷりの利尻昆布をひいて旨みを抽出し、うるめ節、宗田鰹、さば節を加えて深みを与える。

このダシを冷まし、卵と合わせるのだが、その割合は女将の三木小百合さんによると「5：5より少し卵が多いくらい」。「ダシが多いと焼くのは難しいのですが、この割合がやわらかさの理由。それにダシの味がしっかりしていたほうが冷めてもおいしいんです」

だし巻きを焼く職人は、同時に4つの銅鍋を扱う。まず2つに卵液を流し込み、強火にかけ、半熟の状態で手早く巻き始める。巻いたら銅鍋をコンロの火がついていない場所に仮置きし、余熱で内部に火を通す。その間に、新たな銅鍋2つに卵液を注ぎ、強火にかける。同じように手早く巻いて、火のない位置へ。仮置きしておいた銅鍋に卵液を注いで再び強火に当てて……と、これを決まったサイズになるまで繰り返し、火からおろしたら巻きすに巻いて木枠で形を整える。こうして断面に層のない、だし

約100年受け継ぐ、三木鶏卵のだし巻き

01 ダシをひく

錦市場の井戸水を使用し、冬場なら60度で1時間ほどかけて、利尻昆布の旨みをじっくり引き出す。その後うるめ節、宗田鰹、さば節を加える。味はしっかり目。

02 焼く

卵とダシ、隠し味程度に醤油と砂糖を加えた卵液を流しいれ、強火にかける。

銅鍋から火がはみ出すほどの強火。半熟状態で手早く巻き始める。

手前から奥へと巻く「京焼き」。「銅鍋を引きながらだし巻きを前に巻いていくのがコツ」（三木さん）。

巻いたら火のついていない位置に銅鍋を移動し、余熱で火を通す。この間に次の銅鍋に卵液を注ぎ、2の工程へ。所定のサイズになるまで繰り返す。
銅鍋は家庭用の卵焼き器より縦が長い。火力への耐久性をあげるため、サイドに補強をしてある。同じ錦市場の〈有次〉の特注品だ。

03 形を整える

出来上がったら、巻きすを巻いて木製の枠に入れる。冷めていく間に形が整う。

menu.

だし巻 大
1700円
（小 690円、中 1050円）

九条ねぎ巻
1190円

う巻
2050円

三木鶏卵

みきけいらん
京都市中京区錦小路通富小路西入ル東魚屋町182
三木鶏卵錦本店
075-221-1585
https://mikikeiran.com

＼お話を聞いたのは…／

女将
三木小百合さん

「ダシに使う昆布の量が多いこともおいしさの理由だと思います。香りも味もしっかりしただし巻きです。」

巻きが出来上がる。これが100年近く続いてきた。
「だし巻きは家庭で味わえる京料理。変わらない味を作り続けたい」と三木さん。さらに、卵やだし巻きのおいしさを伝えたいと2020年には〈mikikeirando（三木鶏卵堂）〉をオープン。だし巻きのサンドイッチやプリンといったお菓子も販売している。伝統の味と、これからを切り拓く味。その両輪でだし巻きファンを虜にし続ける。

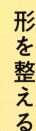

教えて！

Myだし巻き

暮らしのいろいろな食の場に登場するだし巻き。味も食感も、店によって異なり、さまざまな家庭の味があるのもおもしろいところ。そこで、読者の皆さんに「あなたのお気に入りは？」とアンケートを実施。結論、人の数だけ、Myだし巻きがある。

Photo Ayumi Ichino（卯今、京料理 二傳、和み居酒屋 真ん中、だし巻乃 柴半、十二段家 花見小路店、つるやこなな、卯凪、出し巻工房 すゑひろ、魅屋町103）、Kaho Hashimoto（山元馬場商店、嘉嘉、大徳寺 さいき家）、提供（蕎麦 北山権兵衛、京都 有喜屋、自家製）

蕎麦 北山権兵衛

「玉子焼き」 550円

ダシの味と、ほんのり甘くふわっととろけるような食感がポイント。一見、梅干しのような丸いお醤油味の大根おろし（※編集注：お店では「染めおろし」と呼ぶ）を付けると、味がしまって更においしくなります。（柾木良子さん・着物研究家）

蕎麦 北山権兵衛（そば きたやまごんべえ）、京都市左京区下鴨南芝町44-1、075-791-4534、https://www.soba-kyoto.jp

京料理 二傳

「出汁巻き」 1296円

ダシが効いていて、まとまり感がすごい⤴⤴完璧です。お酒にも合う。（みそ乃さん・舞台人）

京料理 二傳（きょうりょうり にでん）、京都市中京区姉小路通堀川東入ル鍛冶町142、075-221-3908、https://niden.jp
※要予約

十二段家 花見小路店

「名物だし巻き（小）」 400円

とにかくしっとりなめらかなおいしさです。（鷲珠江さん・〈河井寛次郎記念館〉学芸員）

十二段家 花見小路店（じゅうにだんや はなみこうじてん）、京都市東山区祇園町南側570-240、075-561-1655、Instagram @junidanya_hanamikoji

和み居酒屋 真ん中

「出汁巻き玉子」 550円

ダシがおいしい。（ぬんさん・学生）

和み居酒屋 真ん中（なごみいざかや まんなか）、京都市中京区東洞院六角南東角ロイヤルプラザビル2F、075-222-0766、Instagram @mannaka_kyoto

山元馬場商店

「だし巻」 500円

大きくて安い！　ぜひ温めて食べてみてください。（福嶋ペルラさん・会社員）

山元馬場商店（やまもとばんばしょうてん）、京都市中京区錦小路通富小路東入ル東魚屋町196、075-221-4493、http://yamamotobanba.jp

京都 有喜屋

「京風だし巻き」 1000円

お蕎麦屋さんのだし巻きが好きです。こちらのお店のだし巻きはフワトロです。（匿名さん・会社員）

京都 有喜屋（きょうと うきや）、京都市中京区木屋町通三条下ル石屋町125、075-221-2978（先斗町本店）、https://www.ukiya.co.jp

だし巻乃 柴半

「お弁当」のだし巻き 600円

お昼限定で販売されるお弁当には丸ごと一本のだし巻きが！　主役級の迫力です。（Hさん・自営業）

だし巻乃 柴半（だしまきの しばはん）、京都市上京区西院町746-49

卯今

「だし巻」 880円

ダシがいっぱい入って、テローンとしたやつが好み。ここのは理想的です。おいしい！（庭子さん・自営業）

卯今（うこん）、京都市中京区樽屋町474、075-777-8134

あなたはどっち？

ーだし巻きと私ー

たくさんのバリエーションがあれば、好みが分かれるのかも？
だし巻きの好みの食べ方などについて聞いてみた。

Q1 あなたの好きなのはどちら？

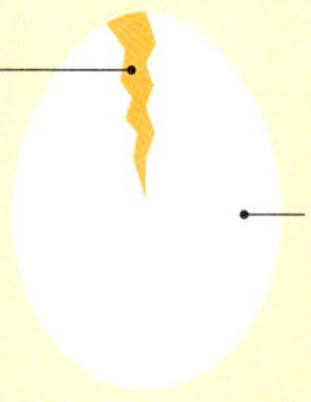

Q2 あなたの好きなのはどちら？

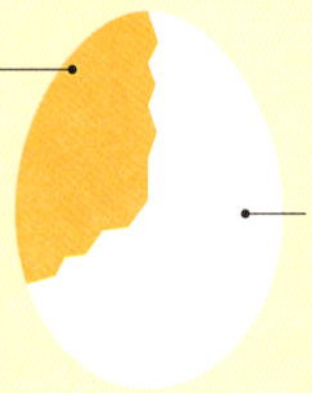

特集1 京都の、おいしい ｜ 特別な日も、日常も。いつもそばに「だし巻き」

麩屋町103

「だし巻き」 880円

ジュワーっと上品なダシがあふれ出すフワフワなだし巻き。仕上げにダシをかけてくださいます。素材のおいしさを堪能できるおでん屋さんの、さすがのだし巻きです。(東條麻備さん・うつわと料理のサロン〈麻乃屋〉オーナー)

麩屋町103（ふやちょういちぜろさん）、京都市中京区麩屋町通押小路上ル尾張町225第二ふや町ビル103、075-213-8080、Instagram @fuyacyou.ichizerosan

卯凪

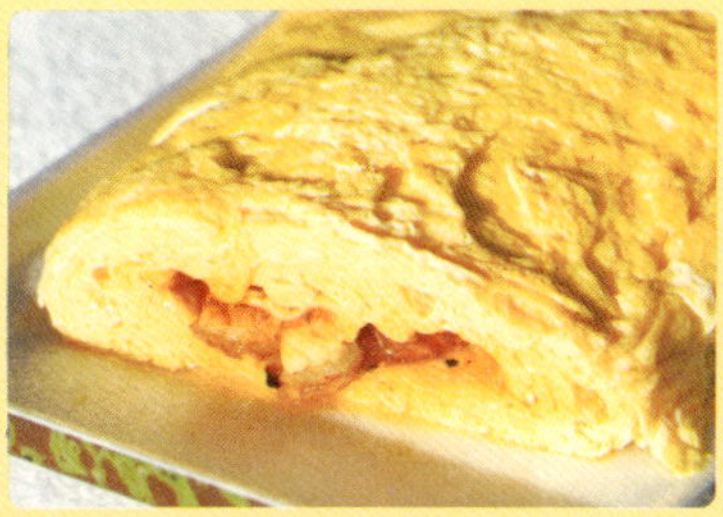

「鰻巻き（半分）」 1188円

食べるとダシがじゅわっと出てくる感じのだし巻きが好みで、ここの「鰻巻き」が大好きです。(yasue-secreさん・会社員)

卯凪（うなぎ）、京都市北区紫野雲林院町90-4、050-8881-3686、https://u-nagi.jimdofree.com

つるやこなな

「鶴家名物 だしまき定食」 850円

お昼にいただける定食のだし巻きは、ダシが効いたやさしい味で、かたすぎずやわらかすぎず。ちょうど良い仕上がり。(齋藤秀雄さん・デザイン制作会社代表)

つるやこなな、京都市下京区艮町892、075-351-7556、Instagram @tsuruyakonana

大徳寺 さいき家

「いなり寿司だし巻弁当」 994円

こんなに分厚いのに、ふわふわ！ たっぷり染み込んだ旨みが口いっぱいに広がります。口の中ですぐに溶けてしまうほど、やわらかい食感です。(ハッシーさん・ライター)

大徳寺 さいき家（だいとくじ さいきや）、京都市北区紫野上門前町73、075-492-1625、https://www.saikiya.com

出し巻工房 すゑひろ

「鶏そぼろ出し巻」 650円
「明太子出し巻」 750円

マイベストは子どもの頃近所にあった仕出し屋さんのお弁当のだし巻き。こちらのは冷やすとツルンとした食感で思い出の味に近いです。いろんな具入りタイプもありご飯がすすむ系。(A.I.さん・自営業)

出し巻工房 すゑひろ（だしまきこうぼう すえひろ）、京都市西京区松尾大利町80-1、075-950-2388、Instagram @suehiro_1969

嘉嘉

「だし巻サンド」 650円

だし巻きなどの卵製品を作る〈大栄製玉〉の直売所で販売されているだし巻きサンドイッチ。やわらかすぎず、かたすぎず。程よい食感がさすがです！(ともさん・編集者)

嘉嘉（よしよし）、京都市下京区西新屋敷下之町18、075-351-7696、Instagram @yoshiyoshi.daieiseigyoku

ほかにもこんな推しだし巻きも！

- 以前、新大宮商店街にあった立ち飲み屋のだし巻きがやわらかくて均一で好きでした(弐七さん・学生)
- 母の作っただし巻き。お弁当に入っていて、外で食べるとなおおいしいです(杉村さん・会社員)
- 蕎麦屋のだし巻き全般が好き。ランチどきなら定食のおかずの一品として、夜はお酒のお供として蕎麦前にぴったり(つるこさん・ライター)

自家製

母のたまごやき

料理人だった母から受け継いだ卵焼き器で作っていますが、腕はまだまだ受け継がれていません！ 片栗粉を入れて崩れないようにしています。(プンダさん・花関係)

自家製

卵10個と親鶏のダシで作る大きな親子だし巻き

卵農家なので、卵からダシから、全て自家製です。親鶏の鶏ガラのダシが、とても滋味深くおいしいです。また、ダシ、卵、油と全部鶏だけで作れることが美しいな、と思っています。(吉田修也さん・卵農家)

Q3 「こんな具を入れたらおいしいよ」「これをつけて食べるとおいしいよ」など、皆さんのだし巻きへのこだわりは？

- 基本何も入れないけど、敢えて入れるなら、ネギまたはパセリ (junchan13さん・自営業)
- 明太子だし巻き！ 言うまでもなく最高!!(おまめさん・自営業)
- シンプルが一番ですが、ネギ・明太子・うなぎ・納豆入りなどバリエーション豊かなところもよいところ (くじらさん・会社員)
- 昆布茶とわかめの戻し汁、そこに少しの塩で味付けしたらおいしいですよ (山崎三四郎裕宗さん・〈喫茶マドラグ〉店主)
- チーズ (金田さん・会社員)
- おでん汁の残りのダシで割っただし巻き卵 (はるさん・会社員)
- 何もいらない (なちこさん・会社員)

※メニュー名が「卵焼き」のだし巻きやサンドイッチなどの商品も対象にして2024年12月にアンケートを実施。有効回答数54

One week diary of hozonshoku lab

保存食LABの1週間日記

季節の恵みを長く楽しみ、日常にささやかな潤いをもたらしてくれる保存食。そんな保存食はどのように生活の中で作られ、使われているのだろう。
その日常を教えてくれたのは、自家製の瓶詰め保存食が人気の〈保存食LAB〉。主宰の増本奈穂さんに、年の瀬に向かうある1週間の日々を日記に綴ってもらった。

profile

増本奈穂　NAHO MASUMOTO
保存食LAB主宰。伝統的な保存技術を現代の食卓に応用することを日々探究している。ケータリング、メニュー開発、レシピ提供、撮影スタイリング、料理教室やワークショップ、大学の研究協力なども行う。下鴨〈パルメラ〉では、料理監修やメニューの企画を請け合っている。Instagram @hozonshokulab

12 / 13 Fri.

5時起きにてお弁当仕事。

寒くて暗くて布団の中からなかなか這い出せなさいがなんとか脱し、まずはお米を研ぎ炊く。

静まりかえった朝の一人の時間は大切。

途中、子たちの朝ごはんをしとく。

作業をしだすとスムーズ、今日は詰め方も全然迷わない。10時半の配達も順調に終わらせ一安心。

帰ってきて片付けをしながらお弁当の残りもので昼食。自分のためだけにお米は改めて炊いた。お弁当喜んでもらえたかな。


午後からは大量の柚子仕事、まずは練り柚子塩作りから。とにかくちまちま頑張る。


だんだん胃が痛くなってきたのと、朝早かったからか今にも寝てしまいたい疲労感に見舞われるが、母業はここからが一日の勝負時間。気合いだ。

夕方、うちのレモン塩を使ってくれているカレー店のカオルコさんがレモンジンジャーカレーを持ってきてくれた、嬉しい。

保育所のお迎えからスーパーに寄って晩ごはんを作り、しんどいながらなんとか終盤を迎えることができた。

今日は小室哲哉さんのTK WORLDがあるってね。元気やったら行きたかったな〜

もう少し先の希望とお楽しみにしよ。

脳内BGMはTM NETWORK「STILL LOVE HER」。

久々早々に寝た。

---

12 / 14 Sat.

起きて子たちの朝ごはんの準備をしていたら両腕にみるみる蕁麻疹が出てきて、ダメだと思ってちょっと横になる。胃の調子が悪い時にはよく出るけど、まあなんとかなる。
今日はかえ（娘8歳）だけお弁当の日、私の状況をみてヤスト（オット）が作ってくれた。キッチンがすごいことになってたけど文句は言わないでおく。

引き続き柚子の仕込み。

柚子の皮の白いところをひたすら剥いで剥いで、作業が地味すぎて大変だけど季節は待ってくれない。食べ物をダメにしてしまうのが一番嫌いだ。

今日の頑張りがいつかの自分を助けてくれる、やっててよかった！ と必ずなるのだから。

今は粛々とやるしかない。

途中、よい（息子6歳）のサッカーのお迎えをはさみ再び作業。

部活から帰ったうい（娘13歳）が作業を進めてくれていた、3歳からやってくれてる超ベテランさん。

“昨日からずっとしてる〜♪” そこばっかりが壊れたレコードみたいにリピート。

脳内BGMは安室奈美恵「SWEET 19 BLUES」。


夜はおでん。

柚子胡椒をつけて食べる、うちの柚子胡椒が世界一おいしい（自画自賛）。

体調がイマイチなのでお酒はやめた。


片付けて再び仕込みをする。

今日剥いた柚子皮に30%の塩を加えてペーストにする。柚子30個分くらいから600gくらいしか取れない。

その後出た果肉を絞る、今絞っとかないと自身のペクチンが強くて絞れなくなる。こちらも400gほど。ほんと尊い。

12 / 15 Sun.

朝からういのバレーボールの試合応援へ。びっくりするほど体育館が寒い。
結果は3戦3勝、勝ち抜けで京都府大会予選通過、よかった！
心も身体もどんどん大きくなって難しい年頃だけど私も共に成長するのだ。

帰ってきて今日も柚子仕事。

家族全員が休みの日に仕事するのは嫌だけど、できるだけ早く終わらせたいからやっぱり今日も仕事する。

途中みんなで「お茶タイム」をして、晩ごはん用に大根を炊きながらまた柚子の続き。

晩ごはん、みんなのリクエストはお刺身。

近所のスーパーに並んでる魚の鮮度を信用してないので〈タベルト〉まで買いに行った。

やってみたかった春菊醤油を作ってお刺身を食べてみる。作りたての柚子塩も共に。

春菊醤油！これはお・い・し・い!!

でも断然白身魚やったな〜3日ぶりにお酒も飲んだ。

家族揃ってご飯を食べられる日曜と月曜は、おいしいものをゆっくり食べられるのが嬉しい。

その後もう少し柚子仕事をして今日も一日お疲れ様でした。

“この世にあってほしいものを作るよ〜♪” 脳内BGMは椎名林檎「人生は夢だらけ」。

覚え書きメモ「春菊醤油」

・春菊　2本分（葉っぱのみ）湯がいてペーストにする
・太白胡麻油　40ml
・醤油　小さじ2
・塩麹　小さじ2

12 / 16 Mon.

保育所によいを送り、銀行に寄りPTAの会計の仕事を済ませる。

月曜日は仕込みが大変なので、買い出しをして午前中から〈パルメラ〉に向かう。

13時にえみちゃんが来て一緒に仕込みをする。

スーパーに寄って16時半に帰宅し、引き続きの柚子仕事。今日で終わらせてしまいたい。

ヤストが風邪気味なので夜は参鶏湯にしようと鶏を煮込みながらギリギリまで柚子作業。

かえの個人懇談と保育所お迎えはヤストが行ってくれた。

2時間ほど煮込んだ参鶏湯はトロトッロで心身に沁みわたった。


23時までかかったけど遂にフィニッシュ!!

100個はあった柚子を全て剥いて練り柚子塩にすることができた。

友人がハワイに送りたいと言ってくれた7つ分を瓶詰めにし、残りは全て冷凍した。

ひと冬のストックとしてはまだまだ足りないけどよく頑張った。


脳内BGMは槇原敬之「今年の冬」。

12 / 17 Tue.

保育所によいを送りそのまま〈パルメラ〉へ。

休み明けはやることが多い。

今日は「フォー屋さん」の日。

フォー好きが高じて始めたフォー屋さんも早いもので4ヵ月目。ほんと毎日食べても全く飽きないし、むしろ私のフォー愛は増すばかり。意外と吸引力のいる食べ物でフォーと呼吸を合わせる感じで食べるのがおすすめ。澄んだスープを全部飲んでも罪悪感はない、むしろ軽やか。

お話好きの方がいたのであっという間に時間が過ぎた。

賄いにまたフォーを食べて、急いでういの三者懇談に中学校へ行く。いろいろ悩ましいお年頃の方を今は見守って応援するのみかな、母としては。


保育所お迎えの途中に思い立ったが吉日、年末ジャンボを買った。妄想を膨らませながら自転車でにまにま。

よいと私にしかわからない道や言語で喋りながら帰るのが毎日楽しい。

帰り道の脳内BGMはスティーヴィー・ワンダーの「Stay Gold」。

夜に実家からお米と野菜が届いた、嬉しい。丹後はもうすぐ雪かな。

日課の陳皮作り、今日もよいとせっせとみかんの皮を剥き干しておく。


今日もひとりでワイン1本飲んでしまった。飲める日は元気！ のバロメーター。

特集1　京都の、おいしい　｜　保存食LABの1週間日記

12 / 18　Wed.

よいを保育所へ送り今日も朝から〈パルメラ〉へ。

急に決まった島根の料理家なっちゃんと「旅と酒」フォー屋さんの日。

持ってきてくれた宍道湖の大粒しじみがぷくぷくとしていておいしい、やっぱり食材がいいのが一番。

スタート時はわりとのんびりしてたけど、フォー屋さんから〈パルメラ〉へと続き、14時から21時ごろまでずっとずっと満席に。なっちゃんもめちゃ働いてもらうことになった、ごめん。。

片付けをして〈村屋〉へなだれこむ。

もっとゆっくり忘年会する約束だったけど深夜に小さく乾杯をした。

彼女は同じ食べものを扱っていても私とは見てる視点が全然違っている、表現も然り。でも私が欲しい答えを持っていたり分かち合えたりするとてもいい関係、ありがたい。

毎日が怒涛のようだけど会いたい人には会おう、行きたい場所にはなるべく行こう。


最後にお店で流れてたチェッカーズの「ギザギザハートの子守唄」を歌いながら帰った。

12 / 19　Thu.

朝からみぞれが降り続く。9時半に〈パルメラ〉へ。

あまりに寒すぎる一日でフォー屋さんへのお客さんは少なめだけど、昨日忙しかったし〈パルメラ〉の仕込みがたくさん。営業しながらいろいろ仕込む。

17時半まで〈パルメラ〉にいてそのまま保育所へお迎えに行く。

今日は今年最後のバレーボールの練習日だから行きたかったけど、まだ残業があるため休むことにした、残念。

晩ごはんの用意もあまりしてなかったけど、4日前に糠床に入れていた根菜たちはおいしい糠漬けになっていて私を助けてくれた。冷蔵庫糠床にしてるけど冬場なら3～4日。

当たり前だけど入れていれば勝手においしくなるわけじゃなくてお世話がいるわけで、そういうご機嫌取りが私は上手だと思う。植物を育てたりお世話するのも得意、子育ては普通かな。

うちのお父さんが「ひの菜は切り漬け（浅漬け）じゃなくて糠漬けがいい」と言ってた意味が分かる。大人になる楽しみとは、こういうおいしさがしみじみ分かることかもしれない。

昨日遅かったしお酒は控えめにした。

12 / 20　Fri.

金曜日はラボで保存食などの仕込みの日、〈パルメラ〉はヤストにお任せ。

窓から見えるレモンの木と冬の木漏れ陽があまりにきれいで見惚れる、レモンがだんだんと黄色くなってきた。

花背の五大さんが届けてくれたかりんもシロップにしなくてはと、横目で気になりつつまだ手が出せていない。

〈パルメラ〉で「白ねぎの旨煮」が人気でどんどん仕込むから、白ねぎの青いところがたくさん溜まっている。その部分をネギ味噌にしようと思いネギ1.2キロをひたすら刻む。そういう作業はとても心が落ち着く。

鶏ひき肉と味噌や調味料を合わせて濃度が出るまで煮詰めたら、おいしいネギ味噌が完成。

廃棄になりそうな食材を保存性のあるおいしいものに変える時、一番クリエイティブに頭が働く気がする、これぞ私の仕事！　と思う。

子どもたちも晩ごはんを喜んで食べた。


遅がけに〈パルメラ〉から自家製シロップがもうないと連絡が入り、うちのレモンの木から5つとってきて即興でレモンシロップを仕込んだ、とても豊かだなと思えた。

今日も一人でワイン一本飲んでしまった、、、はい、元気バロメーター。

今年もあと10日。頑張ろう！

覚え書きメモ「ネギ味噌」

- ネギ（青いとこ）　200g
- 鶏ひき肉　100g
- 味噌　200g
- 生姜　少々
- 酒　大さじ1
- 砂糖　大さじ1
- みりん　大さじ1
- 炒りごま　大さじ1

小さな箱に作り手の思いも詰めて――

麗しき、お弁当の世界

限られたスペースに、彩りも味わいも豊かに、食の楽しみを詰め込んだお弁当。仕出し文化が根付く京都では、季節感あふれる、そして各店こだわりのお弁当を楽しむことができる。まずは、食べる前に魅了されてしまう、その美しさに注目。1927年創業の〈乙文〉で仕出し店の盛り付けの技を教えていただいた。

Text Tomomi Uriu
Photo Harry Nakanishi

盛り付けの参考は日本画
〝京料理を持ち運べる〟仕出し

「仕事を持って出るから〝仕出し〟。京都は家でお客様をもてなしたいという人が多かったので、この文化が続いているのだと思います」と教えてくれたのは、島原に店を構える〈乙文〉の4代目若主人、木村一智さん。同店は、寿司店として木村さんの曾祖父が創業。今では寿司に加え、仕出しのほか、2階にある座敷でも京料理を提供する。

お弁当も仕出し店の生業の一つ。〈乙文〉でもさまざまな折詰弁当を用意しているが、味だけではなく、盛り付けの美しさにも気を配っているという。「おいしいのは当たり前。おいしいものをよりおいしく味わうには、盛り付けや、包装の美しさも大切な要素です」。京都料理芽生会の先輩に盛り付けに日本画家の作品を参考にするようにと教えられたこともあるそう。その芸術的ともいえるテクニックを次頁で公開していただいた。

約15センチ角の折箱に詰められているのは、実に20種以上もの料理。「メインになる料理があるというよりも、一つ一つの味わいを楽しむお弁当ですね」と語る、その手の込みようにも驚くが、料理を重ねたり、立てかけたりしながら、立体的に詰めるその技も見事だ。ぎっしりでもなく、ゆるくもない。それでいて、ずれて偏ったりすることはない。その優雅さは、まさに〝持ち運べる京料理〟。コツは「まずは、奥にかためのものを詰めて土台を作り（工程②）、その上に、次の料理を盛り付けて」とのこと。それから「〝五味、五調、五色〟も知っておくと便利なルールです。ぜひ、家庭でもきれいでおいしいお弁当を作ってみてください」とも。蓋を開けたとき、ため息が漏れるような美しい仕出し店のお弁当。ぜひそのエッセンスを取り入れてみて。

※五味、五調、五色……日本料理で考慮すると良いとされるルール。五味＝甘味、酸味、塩味、苦味、うま味。五調（法とも）＝焼く、煮る、揚げる、蒸す、切る（漬ける）。五色＝白、黒（紫）、黄、赤、青（緑）。

〈乙文〉のお弁当ができるまで

用意するもの

お弁当のおかず

1 梅大根
2 梅人参
3 車エビ（才巻エビ）
4 菜の花
5 小蕪
6 生麩の田楽
7 湯葉揚げ煮
8 鉄砲串
 8-1 合鴨ロース
 8-2 獅子唐辛子
 8-3 鰻八幡巻き
9 烏賊黄身焼き
10 源氏かまぼこ
11 二身椎茸
12 海老芋
13 トコブシ
14 近江八幡こんにゃく
15 菊花蕪
16 だし巻き（2つ）
17 手鞠寿司
 17-1 エビ
 17-2 タイ
 17-3 アナゴ
18 小串
 18-1 サーモンの味噌幽庵焼き
 18-2 サワラの幽庵焼き
19 がり

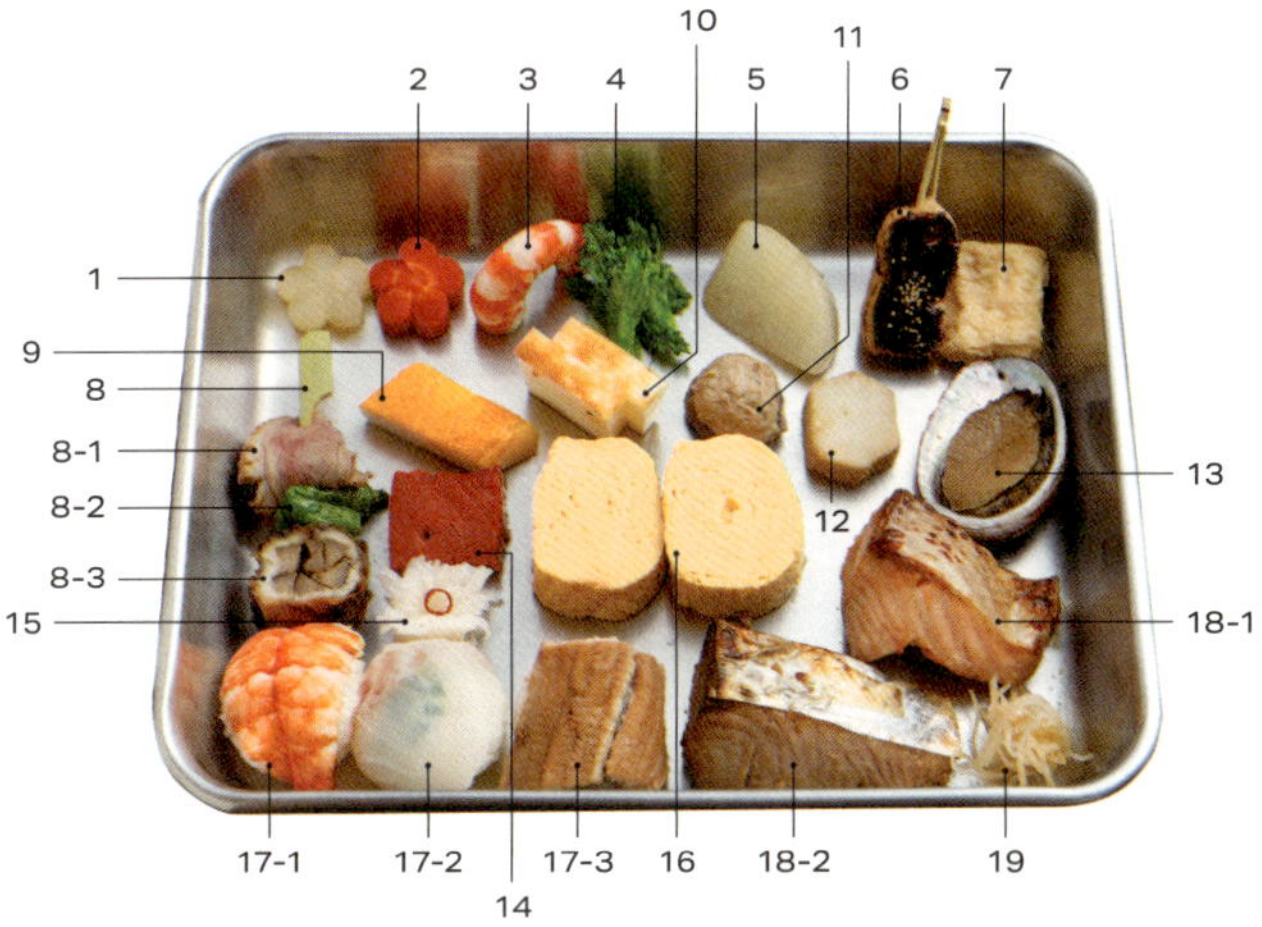

笹 3枚
下に敷く用 2枚、仕切り用 1枚
このほか、仕切り用に菊葉を1枚使用

折箱
五寸角（約15cm×15cm）
深さ約5cmのものを使用

折箱を使用するため、汁気が漏れ出ないように底に笹を敷く。

背の高いもの、大きいものから詰める。だし巻きは2つ重ねた。手前に手鞠寿司を詰める。

Point
手鞠寿司の代わりに、俵おむすびにしても。

味移りや色移りを防ぐため、手鞠寿司とだし巻きには仕切りを添える。

奥に詰めた料理に立てかけるように、大きくて動きにくいものを詰める。かまぼこといった自立できるものもこのタイミングで。多少隙間が空いていてもよい。

隙間を埋めるように、やわらかいものや細かいものを散らして盛り付ける。

色や形がきれいなものを最後に盛り付ける。ただし隙間を空けて、下の料理も少し見せる。

Point
・同色のおかずは隣り合わないように、距離をとる。
・串ものが2つある場合は、交差するように盛ると見た目がよい。

完成！

乙文
おとぶん
京都市下京区壬生西入薬園町158
075-351-2792
https://shimabara-otobun.com

写真は、この企画のために特別に作ってくれたお弁当（4860円相当）。通常の商品の予約は2〜3営業日前までに要予約。配達は要相談

〝おいしい〟を持って出かけよう。
京都、お弁当図鑑

京都では、以前からお弁当は多彩だったが、コロナ禍を機にテイクアウトできる店が増加。いろいろな味が店の外でも味わえるように。日頃のランチに、暖かくなればお花見やピクニックにも。多種多様な“おいしい”を持って出かけてみては？

Text　Tomomi Uriu
Photo Katsuyuki Hatanaka
（紫野和久傳、東華菜館を除く）

※営業時間はテイクアウトに関する時間を記載しているため、イートインの営業時間とは異なる場合もある

NO.1

ホリデイボックス 2人分

7020円

心躍る贈り物のような美しいフランス料理

店のスペシャリテ「花冠《はなかんむり》」を詰め込んだ「花の重」（左）。40〜50種もの草花、野菜、魚介を柑橘系ドレッシングで。ローストビーフやパテなど、酒のお供になる料理を盛り込んだ「実りの重」（右）との二段重ね。

La Part Dieu（ラ・パールデュー）、京都市左京区田中里ノ前町59、075-711-7643、12:00〜13:30／18:00〜20:00、月曜休、Instagram @la_part_dieu　※4営業日前に要予約

NO.2

折詰おばんざいとシャリ・海苔セット

4860円

色とりどり、16種の惣菜を包んで

好みの惣菜を包む「手織り寿し」をテイクアウトで。碁盤目状の街並みを表した容器に入った16種の惣菜は「マッシュポテト＋黒枝豆+バナナチップス」というように、創作性に富み、見ているだけで「どんな味?」とワクワク。

AWOMB烏丸本店（アウームからすまほんてん）、京都市中京区姥柳町189、050-3134-3003、11:30〜15:00／17:30〜20:20、定休日なし、https://awomb.com　※ホームページより3営業日前に要予約

NO.3

極

5400円

中華のコース料理を味わうように

歴史ある北京料理店〈東華菜館〉のお弁当「極」。ご飯のほか、イカの冷製や蒸し鶏といった前菜が5種、そしてアワビや大エビを使ったメイン料理が6種と盛りだくさん。まるでコース料理を味わうような贅沢なひとときを。

東華菜館（とうかさいかん）、京都市下京区四条大橋西詰、075-221-1147、11:30〜15:00／17:00〜21:30、土・日・祝は11:30〜21:30、週1日不定休、https://www.tohkasaikan.com　※前日までに電話で要予約

NO.4

上賀茂弁当

1300円

少しずつ、かわいらしく、たくさん盛り付け

賀茂と大原の野菜、美山の米などを使ったビュッフェランチをテイクアウトで。日替わりのおかずは、だし巻きを半切れ、サツマイモのレモン煮を一つと、どれも“少しずつ”のかわいい盛り付け。箸をのばすたび、違う味に出合える。

上賀茂きりん（かみがもきりん）、京都市北区上賀茂御薗口町6-1、075-711-1133、11:00〜16:00、火曜休、Instagram @kamigamo.kirin

NO.5

むらさきの俵むすびと鯖寿司

4536円

京料亭の味と技を木箱に詰めて

料亭〈和久傳〉のおもたせブランド〈紫野和久傳〉。木箱に、俵むすびと鯖寿司、そして季節の焼き物、煮物、焚き物がきれいに詰め込まれている。蓋を開ければその美しさに、口に運べばその味わいに感動必至。

紫野和久傳（むらさきのわくでん）、075-495-5588、10:00〜18:00、https://shop.wakuden.kyoto　※オンライン、もしくは電話で要予約

NO.6

ふた色ちらし

1404円

ダシでそぼろの旨みをアップ

〈おだしのうね乃〉のお惣菜ストアで人気のふた色ちらし。錦糸卵と季節のそぼろを敷き詰めてあり、冬は鯖そぼろ。一度焼いて、ダシで炊いて鯖の旨みを引き出してから、甘辛く仕上げた手間暇かけた一品だ。

アロウネノ、京都市下京区富小路通五条下ル本塩竈町557メゾンドール五条1F、075-354-1600、11:00〜18:30、火曜休+不定休、Instagram @allouneno

NO.7

お漬け物寿司 2人分

4320円

浅漬けと薬味の合わせ技に驚嘆

整然と並んだ姿が美しい。シャリと一緒に食べて一つの味をなすべく、すべて浅漬け。糠漬けのキュウリとナスにはショウガというように、それぞれに薬味を合わせてあり、口に入れたときの驚きがさらに食事を楽しくする。

木屋町 蘭（きやまち らん）、075-221-0647、京都市中京区木屋町通四条上ル鍋屋町212-6、16:00〜23:00、日曜休、https://www.sushi-ran.com　※前日までに要予約。写真の千枚漬けは、冬季以外は大根

NO.8

冷たくておいしいリゾット

3240円

テイクアウトだからこそ、この味

「“冷めても”ではなく、“冷めたほうが”おいしいものを」と考案。ペペロンチーノをベースに鯛ダシなどで味付けしたリゾットの上に、白身魚や野菜を散りばめた。整え過ぎない盛り付けがおしゃれ。テイクアウト限定。

fudo（フウド）、京都市中京区御池大東町590 加納ビル B1F、075-253-6290、17:00〜24:00（LO23:00）、火曜休+不定休、https://www.fudokyoto.com
※10営業日前に10個以上で要予約。都合により対応できない日もあり

NO.9

玄米と季節野菜の弁当

1500円

食べ応えにも配慮したヴィーガン食

植物性食材だけのヴィーガン食のお弁当。決まっているのは、栄養たっぷりの酵素玄米ご飯だけで、おかずは週替わり。野菜中心でも食べ応えを感じられるように味付けはしっかり目。多彩な味付けで、満足させてくれる。

喫茶ホーボー堂（きっさほーぼーどう）、京都市左京区仁王門通東大路西入ル正往寺町452、080-7325-3697、11:30〜17:00、月〜木曜休（営業日はインスタグラムで確認を）、Instagram @hobodocafe　※売り切れ次第終了。予約をすれば取り置きも可能

NO.10

柿沼弁当

750円

割烹こだわりの味を手軽に

割烹〈樂膳柿沼〉が手掛ける、惣菜店のお弁当。精米したての米を炊いて、炭火で魚を焼き、香り豊かなダシで野菜を煮る。柿沼弁当は、焼き魚、唐揚げ、だし巻き、煮物と、誰もが好きな定番おかずが8〜9種入った人気商品。丁寧な仕事が生む確かな味わいを手軽に。

柿沼惣菜店（かきぬまそうざいてん）、075-746-4954、京都市左京区聖護院西町18、11:00〜19:00、日曜休・月曜不定休、https://kakinuma-souzai.com

※金額はすべてテイクアウトの場合の税込み価格　※特に記載がない場合も、お弁当の写真は一例。お弁当の内容は、日によって、あるいは季節によって変更される可能性がある

京都髙島屋S.C.で

おいしいパンを探して

毎日食べるからこそ、こだわりたいもの。一日の始まりに食べたいシンプルなパン、午後もしっかり頑張れるようなランチパン、ディナーに添えたい名脇役なパン。京都髙島屋S.C.(ショッピングセンター)のベーカリーショップには、どんなシーンにも合うパンがズラリ。今日はどんなパンを食べよう？　迷ったら京都髙島屋S.C.に探しにいこう。

fiveran
〈ファイブラン〉

パティシエールプレーン
241 円
２種のバニラビーンズを配合したカスタードが絶品

クロックムッシュジェノベーゼ
411 円
米ゲルを配合した食パン生地にベシャメルソースなどを合わせた総菜パン

ヨーグルト、蜂蜜などを配合した食パン生地でトリュフバターを包んだ一品

トリュフ塩パン
346 円

かぼちゃを配合したふんわり食感のブリオッシュ生地にきび砂糖をまぶして

ほんわかドーナツ
261 円

カスタードにサクサクしたチョコクランブルとバナナチップがマッチ

クロワッサン ダマンドショコラバナーヌココ
389 円

あんバター
260 円
砂糖と塩の加減を工夫した甘すぎないあんを使用しています

BOULANGE OKUDA
〈ブーランジェ オクダ〉

角食パン
432 円
国産小麦を使用。しっとりやわらかい食感とほんのりとした甘味を感じて

パンの耳プレーンラスク L
584 円
自慢の食パンがおやつに。サクサク食感と素朴な風味に手が止まらない！

ベーコンエピ
292 円
マスタードが効いたベーコンとフランスパン生地のもっちり感が自慢

カスタードドーナツ
260 円
生地はさっくりと軽く、たっぷりの自家製カスタードは甘さ控えめ

素材を活かす豊かな味わい

国産小麦を使用した生地の旨みを引き立ててくれるソースや具材。素材や調理法、配合バランスにこだわった豊かな味わいを堪能して。合わせる素材のバリエーションが多彩で、どんな味や食感になるのだろうと想像するのも楽しい。

fiveran
〈ファイブラン〉
京都髙島屋S.C.(百貨店) 地階ベーカリー

暮らしに寄り添う “普通のパン”全商品が国産小麦！

「毎日同じ味・同じ状態のパンを」をコンセプトに、いつ食べても飽きない“普通のパン”を目指すくブーランジェ オクダ>。添加物を出来る限り使わず、いつもの味、いつもの大きさに仕上げるために、その日の気温に合わせて小麦と水分のバランスを配合する。暮らしに寄り添うパンに出合えるベーカリーだ。

BOULANGE OKUDA
〈ブーランジェ オクダ〉
京都髙島屋S.C.(百貨店) 地階ベーカリー

高島屋（百貨店）
京都市下京区四条通河原町西入真町 52

T8（専門店）
京都市下京区四条通寺町東入２丁目御旅町 35

HOSOKAWA
〈フルーツショップ ホソカワ〉

厳選果物と上品クリームが絶品
果物専門店のフルーツサンド

1948 年創業の果物専門店が作るフルーツサンド。静岡県産のジューシーな甘みが特徴のマスクメロンのほか、いちご、バナナ、パパイヤ、パイナップルと 5 種類のフルーツが挟んであり、カラフルな断面も美しい。旬の果物を引き立てる上品な甘さの生クリームも絶品。フルーツサンド 1350 円。

HOSOKAWA 〈 フルーツショップ ホソカワ 〉
京都髙島屋 S.C.（百貨店）地階生鮮

トマトのカンパーニュ（ハーフ）
432 円
トマトがたっぷりと練り込まれていて、香りと風味を存分に楽しめる

パーネ・ドルチェ・アッヴォルト（ウーヴァ）
292 円
ラムレーズンとシナモンクリームの大人の甘みがコーヒーに合う

C

PECK
〈ペック〉

フォカッチャ（ショルダーハムとトマト）
562 円
オリーブオイルと塩をしみ込ませたフォカッチャで具材をサンド

チャバッタ
303 円
皮はパリッと中はもっちり。シンプルな味わいが食事のお供に最適

フォカッチャ・センプリーチェ
432 円
オリーブオイルの香りと、やわらかい食感が特徴。どんな料理とも好相性

D

進々堂
〈しんしんどう〉

クロワッサン・オ・ブール
テイクアウト 270 円　イートイン 275 円
発酵バターの香りとサクサク食感がたまらない髙島屋 S.C. 店の人気 No.1 商品

しば漬けカレーパン
テイクアウト 330 円　イートイン 336 円
進々堂のカレーパン用に特別開発した京都の打田漬物のしば漬けを使用

洛中 粒 あんぱん
テイクアウト 230 円
イートイン 234 円
しっとりとした生地の中には北海道産大納言小豆の粒餡がたっぷり

北山メロン
テイクアウト 220 円　イートイン 224 円
カリッと焼き上げたビス生地と、芳醇なフランス産ラム酒が香る

京小麦バゲット
テイクアウト 400 円
イートイン 407 円
京都産小麦せときららを使用。オーブンで軽く温めてバターを塗っても美味

D ｜ 進化する老舗の
まじりけのない味を

1913 年創業のベーカリーショップ。素材の持つ自然なおいしさを引き出すために余計なものを極力使わず、“ まじりけのないパン ” を目指す。おいしさを追求すべく伝統製法に加え、最新技術を取り入れ進化し続けてきた。併設のイートインスペースは阪急 京都河原町駅の改札からすぐ。ドリンクとともに寛ぎの時間を。

進々堂
〈 しんしんどう 〉
京都髙島屋 S.C. T8（専門店）B1

C ｜ イタリアにある食品店の
ベーカリー部門

イタリア・ミラノで 1883 年に創業した高級食品店〈PECK〉のベーカリー部門。グロサリーで有名な〈PECK〉こだわりの、食事を楽しむためのパンが揃う。フォカッチャやチャバッタといった定番パンはぜひ食べてほしい。オリーブオイルや生ハム、クリームチーズなど、イタリア産の食材を使ったパンも人気。

PECK
〈 ペック 〉
京都髙島屋 S.C.（百貨店）地階ベーカリー

※パンの価格は2025年1月現在です。　※価格は消費税を含む総額にて表示しております。

京都髙島屋 S.C.
075-221-8811（代表）　午前 10 時～午後 8 時　※ 2025 年 2 月 25 日（火）は全館休業日

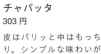

日本酒から広がる「おいしさ」を訪ねて

伏見を有する京都は有数の日本酒どころ。ユネスコ無形文化遺産登録を持ち出すまでもなく日本酒は世界に誇れる文化であり、なにより日本酒は「おいしい」。とはいえ、なんだか堅苦しくハードルが高いと思われているのも事実です。そこで〈サケホール益や〉店長の長谷 聖さんに、初心者にやさしい日本酒の味わい方を酒肴の相性と合わせて教えていただきました。聞き役・飲み役はフリーアナウンサーの山内美和さん。試飲を重ねるごとに和やかに楽しい取材となりました。

Text Eriko Fujita (P44–45、47)、Yukie Shimamura (P46)
Photo Akihito Mori (P44–45、47)、Sayori Takeshita (P46)

まずは知りたい！
日本酒の味わい方指南

[城陽]×刺身盛り合わせ

「まずは京都府の城陽酒造のお酒から。五百万石という酒米を使ったスッキリタイプです」。長谷さんの最初のおすすめは、日本酒が初めての人にも飲みやすい[城陽 純米 無濾過生原酒]。酒米とは酒造専用の米で五百万石はその代表格。山田錦が最も有名ですが、どの酒米を使うかによってお酒の味が変わるといわれます。

「普通の日本酒って加熱処理をしているんですが、これは生酒なので非加熱。生まれての味わいです」。「今秋のお米で仕込んだ、ワインでいうとヌーヴォーですね。うん、フレッシュな感じ！」山内さんの顔がほころびます。「新酒だからかな、ちょっと麹っぽい香りもあるような。フルーティで生き生きした感じ」。このお酒は一切加水をしない原酒なのに、アルコール度数は14度とやや低めなのも飲みやすさにつながる点。一般には原酒に水を加えて15～16度に調整する場合が多く、原酒のまま低アルコールに仕

飲み役

山内美和さん（やまうちみわ）
フリーアナウンサー／ディレクター

長崎県佐世保市出身。佐世保観光ふるさと大使。京都女子大学家政学部児童学科卒業後、NHK長崎放送局・金沢放送局キャスター、NHK京都放送局リポーターを経て、2019年からフリー。現在はNHK京都「京いちにち」制作ディレクターやラジオパーソナリティー、式典・イベント司会として活躍中。きき酒師・日本酒学講師の資格を持ち、趣味は日本酒蔵・クラフトビール醸造所見学、神社仏閣巡り、舞台鑑賞(伝統芸能、お笑い)。

上げるには高度な技術が必要なのだそう。

次は料理との相性です。「蔵元さんは食中酒を目指しているとおっしゃってました。僕は日本酒はお刺身と食べてほしいので」。さて、刺身と合わせてはいかがでしょう。「お酒のキリッと感が鯛の旨みを引き立てつつ、後味をさっと流してくれて、また次食べたくなる感じ。脂の乗った鰺はお酒と一緒になって、旨みが口の中に広がりますね。こういう盛り合わせだとそれぞれのお魚のいいところを広げてくれて、万能な感じがします」。

［招徳］×雲子（鱈の白子）の昆布締め焼き

「次は燗をいきましょう」と長谷さん。選んだのは伏見の「招徳　特別純米無濾過生原酒　京の輝き」です。火入れのお酒と生酒では燗の付け方を変え、生酒は極力ゆっくり温度を上げて、燗でもフレッシュ感を損なわないようにするのがポイントだそう。

「このお酒はとりあえず50℃以上と思っているんですが、途中で味見をしながらどれくらいがいいか考えます。器に移すと冷めるから、飲む時はちょっとぬる燗寄りかも」。「まったりとした感じ、ミルクみたいな乳感の丸みと、最後はやっぱりキレのいい感じで締まります。旨みもすごい」と山内さんも絶賛。日本酒なのにミルクみたいとは不思議かも。燗にすると味と香りがふくらむことを〝燗上がり〟するというけれど、このお酒がまさにそう。さまざまな温度帯でもおいしいのが日本酒の特徴です。

「初心者の方には、こんな感じの繊細な燗酒を飲んでほしいな。時々飲み放題なんかで熱燗を頼むと、いきなりボールがバーンと飛んできたみたいなのが出てくる（笑）。それを最初に飲んでしまうから苦手になると思うんですよ」。おいしいお酒に気分のあがった山内さん、ちょっと暴投です。

では、雲子と合わせた感想は？「単体で飲んだ時はまろやかだったんですが、今度はキリッとした味わいになりました。昆布締めした雲子の旨みが濃厚なのでお酒だけでは風味は消えず、ふわっといい感じに残りますね」。

1

2

1.城陽 純米 無濾過生原酒（京都府城陽市・城陽酒造）グラス490円。お刺身盛り合わせ（3人前）1480円～。当日は鰤、鯛、タコ、鰺、本マグロ（内容は日によって変わる）。
2.招徳 特別純米 無濾過生原酒 京の輝き（京都市伏見区・招徳酒造）グラス490円、京都限定の酒米「京の輝き」を100％使用した純米酒でアルコール度数は18度としっかり。女優ラベルの限定酒。雲子（鱈の白子）の昆布締め焼き980円、半日ほど昆布に馴染ませて旨みを凝縮させた雲子はとろりとクリーミーな味わい

初心者にはこんな日本酒がおすすめ

長谷さん、日本酒はこれからという人にはどんなお酒をおすすめしますか。「まったく初めてだったら、［讃岐くらうでぃ］（香川県・川鶴酒造）という低アルコール6％のにごり酒から。味はカルピスみたいで、こんな日本酒もあるんだと肩の力を抜いてもらい、2杯目はほんまに日本酒らしいのを出したりしますね」。さらにはラベルが可愛いものも初心者向きで、見た目の印象と連動して飲みやすいパターンが多いとか。意外と困るのが「おすすめをください」とばくぜんと言われた時。キーワードとして①フルーティorスッキリ、②飲みごたえor爽やかさ、③冷酒or燗酒の好みを言うと伝わりやすいので参考に。

「私は〈益や〉さん本店の立ち飲みカウンターがすごく好きで、その時に会った人とおしゃべりするのが楽しいんですが、最近の若い人たちがそういうコミュニケーションを求めているのかがわからなくて」と山内さん。居合わせた者同士やお店の方との交流は、酒場の楽しみの一つなのは確か。また、スタッフのおすすめから思いがけない好みのお酒に出合えることもあります。

長谷さん曰く「うちの店で初めて飲んだ1本がずっと印象に残ってくれて、日本酒っておいしいと思ってもらえるとしたら、こんなうれしいことはないですね」。やはり日本酒の楽しみ方を知りたければ、まずは信頼できるお店の扉を開けること。その結果、深い深い〝日本酒の沼〟にハマってしまっても、こちらは責任持てません。

サケホール益や

さけほーるますや
075-708-7747
京都市中京区蛸薬師通烏丸東入ル一蓮社町298番地2
https://masuya.kyoto/sakehall

〈益や酒店〉系列店。日本酒は常時40種類以上が揃い、希少な銘柄も多数。料金はグラス490円、720円、940円の3パターンで、利き酒セットは4種類1000円～。旬の食材を生かした酒肴も豊富。古い町家を改装した店内は60席とゆったりで、グループでも一人で訪れてもくつろげる。

京都日本酒ドロップキック
参加店舗がすすめる

これで味わってみるべし! この銘柄におすすめのアテ

招徳(招徳酒造/京都府)× 丹波豚とレンコンのさっと煮

丁寧な和食が評判の〈Ken蔵〉からは、丹波豚とレンコンのさっと煮700円。薄切りのレンコンをダシと軽く煮てシャキシャキとした歯ごたえがアクセントになった一品で、丹波豚の肉の甘味や柔らかさをダシが包み込む。合わせるのは、純米酒にこだわる招徳酒造の[招徳]。米の旨さや甘さに自然な酸味が加わり、繊細なダシの味わいと響き合う。〈Ken蔵〉と招徳酒造の関わりは長く、蔵開きにも出店する関係にも注目したい。

京都和食 Ken蔵 (きょうとわしょくけんぞう)、075-255-4718、京都市中京区衣棚押小路下る下妙覚寺町192-1 オクトピア御池1階、http://www.kenzo-koi.com

永平寺白龍(吉田酒造/福井県)× 黒毛和牛のステーキ 季節野菜のソース

鉄板料理を和食から提案する〈和鉄板ぞろんぱ〉から、黒毛和牛のステーキ2800円。赤身肉の旨みをギュッと閉じ込めたステーキは、噛むほどに旨みの余韻が心地よく、春菊に味噌を忍ばせたコクのある季節野菜のソースが軽やかにまとう。合わせるのは、全量永平寺町産米使用、全量純米蔵で永平寺テロワールを謳う吉田酒造の[永平寺白龍]。芳醇でやわらかな口当たりに米の旨みと甘味を感じる食中酒で、肉の旨みを引き立てる。

和鉄板ぞろんぱ 柳馬場六角店 (なごみてっぱんどろんぱ やなぎのばんばろっかくてん)、075-221-6038、京都市中京区柳馬場六角上ル槌屋町102-1、http://www.zoronpa.com/rokkaku

新政(新政酒造/秋田県)× 腰長まぐろの造り

産直で仕入れる鮮魚が堪能できる〈和ダイニング一政〉から、腰長まぐろの造り1800円。この日は長崎壱岐から仕入れた旬の腰長まぐろを、津本式と呼ばれる血抜きを行い、4日熟成させたもので、魚本来の旨みが口に広がり、酒を誘う味わい。合わせるのは「きょうかい6号」発祥蔵である新政酒造の[新政]。定番の生酒No.6は米の濃厚な甘みとフレッシュな酸味にピチピチとしたガス感で、まぐろの旨みをさらに引き立てる。

和ダイニング一政 (わだいにんぐいちまさ)、075-744-0542、京都市中京区炭之座町416-1、https://ichimasa.foodre.jp

篠峯(千代酒造/奈良県)× からすみと尾崎牛のローストビーフ、黒豆バター

〈箸ずめ〉からは酒肴盛り合わせ。自家製で仕込むからすみは、柔らかく塩味が穏やか。尾崎牛を炭焼きして仕上げたローストビーフの旨みに、黒豆バターも軽やかなコクで酒が進む。合わせるのは、奈良県葛城山の麓にある千代酒造の[篠峯]。凛とした軽やかな酸の口当たりに旨みのボリュームが料理の味わいを受け止める。それぞれ一人前で、からすみ1200円、尾崎牛のローストビーフ2500円、黒豆バター800円。

箸ずめ (はしずめ)、075-366-4413、京都市下京区四条堺町下ル小石町120、https://www.d-heart-sou.com/hashizume

京都日本酒ドロップキックとは?

毎年5月に四条烏丸を中心として徒歩圏内の飲食店が参加して開催される、日本酒の飲み歩きイベント。2024年で13回を開催した。参加飲食店では、オススメの銘柄と特製肴メニューのセットがお得な価格で楽しめる。開催時間内にどれだけ多くの店舗を巡り、多くの銘柄を味わえるかと事前にルートを検討するなど強者の参加者も多く、開催日は多くの参加者が街なかを飲み歩く姿が見られる。今年も開催予定、詳しくは公式SNSをチェックして。
京都日本酒ドロップキック公式Instagram @sake_dpk

特集1　京都の、おいしい ｜ 日本酒から広がる「おいしさ」を訪ねて

伏見酒造組合に聞く
伏見の日本酒のこれから

2024年12月、日本酒を含む我が国の「伝統的酒造り」がユネスコ無形文化遺産に登録され、盛り上がったのは記憶に新しいところだ。ほぼ時期を同じくして伏見酒造組合の理事長が交代。14年間務めた増田德兵衞さんに代わり、《北川本家》代表取締役の北川幸宏さんが就任した。

組合には22の酒蔵が加盟する。伏見のような狭いエリアに、これだけの酒造会社が集まるのは世界的にも珍しい。また、それぞれの酒蔵同士が協力しあい、規模の大小を問わず作り手の交流がある。「いい関係が築けているのは《月桂冠》さんのおかげ。明治時代に西洋から近代技術がもたらされた際、自社だけではなく伏見の仲間に情報を開示してくれた。その伝統が今も続いています」と北川さん。

日本酒離れといわれるが、吟醸酒や純米酒など特定名称酒の品質レベルは高まるばかり。ここ伏見の各蔵においても百花繚乱の趣きがある。「それでも伏見が日本酒の産地ということは、意外に知られていません。いかにPRをしていくかが今後の課題です」。地元京都の人間にとっては思いがけない言葉だけれど、北川さんいわく東京では酒どころといえば東北や新潟のイメージが強いとか。実は市町村単位でいえば、京都市は日本酒の生産量日本一なのだ。

安土桃山時代以降、伏見で酒造りが栄えた理由は「二つの水」にある。一つは良質の地下水。伏見と呼ばれる中硬水で仕込む酒はまろやかな味わいで「伏見の女酒」と評判になった。二つ目は河川による水運だ。「ワインはブドウの産地で作るのが基本ですが、日本酒の原料の米は保存や輸送がしや

すいという利点があります。酒造りには大量の水が必要なので、水のいい所に原料を持っていく方が合理的。地下水と米や酒を運ぶ水運の両方が揃う伏見は恵まれた場所だったんですね」。

今年は大阪・関西万博が開催され、全国や海外から観光客が関西を訪れる。この機会にユネスコ無形文化遺産の和食と日本酒を楽しんでいただき、「酒蔵のまち・伏見」を世界にアピールしたいもの。新理事長の北川さん、がんばってください！

伏見の酒蔵が集結！春の風物詩
伏見酒フェス2025

メイン会場では伏見の18酒蔵の銘酒と地元飲食店によるフードを提供。11酒蔵の蔵開きも行われ、まち巡りをしながら楽しめる。4部制に分かれ、各回入場チケットが必要（お酒試飲券4枚付き1800円・限定5000枚）。チケット購入、詳細は下記公式Webサイトにて。

|日時|
2025年3月15日（土）　9:40〜17:20（4部制）
第1部　9:40〜11:20　　第3部　13:40〜15:20
第2部　11:40〜13:20　　第4部　15:40〜17:20

|メイン会場|
月桂冠昭和蔵（京都市伏見区片原町300番地1）
https://www.fushimi.or.jp/sakefes

京都の北と南で育まれる
底なき、クラフトビールの魅力

いまや全国各地でクラフトビールが作られ、大手企業を含むとブルワリーの数は800にのぼるという説も。そのおもしろさはなんといっても、土地ごとの個性を出せること。京都の北と南で作られる、2つのクラフトビールに注目した。

Text Tomoyo Kojima / Photo Masaya Yoneda

〈ASOBI BEER〉で仕込みに励む濱田さん

鮮やかな緑が美しい、与謝野町のホップ

まちづくりのために生まれた北のビール

京都市内から特急に乗り約2時間半。天橋立を通り過ぎ、与謝野町へ。この町では2015年から、ホップが育てられてきた。そこへ着目し、2020年に生まれたクラフトビールが〈ASOBI BEER〉だ。

「僕は与謝野町出身で、学生時代から将来は地元の活性化に関わりたいと考えてきました。2019年に〈株式会社ローカルフラッグ〉を設立し、地域プロデュース事業を進めるなかで、スタートしたのがクラフトビール事業です。単に地元のホップを使うだけでなく、ビールを通じて地域の困りごとを解決できる商品になればいいなと。そこで天橋立の環境課題となっている牡蠣の殻を加熱・粉砕して、醸造用水の高度調整剤として使用することにしました」

代表の濱田祐太さん曰く、与謝野町の農業の97％は稲作。そんななか、新しい作物を増やそうとホップの栽培が始まったそうだ。活用の場の一つとして濱田さんたちが始めたのが、クラフトビールづくりだった。フレッシュな香りとみずみずしさを持った与謝野町のホップを活かし生まれた[ASOBI Pale Ale]は、現在全国500店舗以上で取り扱われている。さらには2023年夏にビアバー&カフェ〈TANGOYA〉をオープンし、醸造所〈丹後屋醸造〉を併設。2024年2月からカフェで提供する分のクラフトビールを自家醸造してきた。

「まちづくりのために始めたクラフトビールですが、やり出してみるとその表現の幅広さにすごく惹かれるようになって。ビールを通じて地域の特産物を発信し、新しい表現ができるのがおもしろい。クラフトビールって奥行きがあるものなんだなと実感しています」

〈丹後屋醸造〉で作られるクラフトビールは約25液種。定番の[ASOBI Pale Ale]以外は、与謝野町の特産物を用いたビールが変わるがわる登場し、季節ごとのその土地らしさを楽しめる。

「今作っているのは、与謝野町でとれた新米を使ったクラフトビール。雪景色の与謝野町で、ホップの華やかな香りが雪の中に輝く灯りのようだなと思って、[ゆきあかり]と名付けました。次は酒粕を使ったクラフトビールも作ってみたいですね」

2025年からは、ホップ栽培の一部を〈ASOBI BEER〉が担うそう。クラフトビールからその先へ広がる活動の幅広さに目を見張る。

「与謝野町では、桜の木の植樹を町をあげてやっているので、樹を栽培する中で生まれる桜チップを生かした燻製工房が作れたらいいなと思っていて。ビールとも合うし、地域に足りないピースは、自ら作っていけたらいいと思うんです。足りないものがあればあるほど、チャンスだと思います」

生きたおいしさを楽しむ、南のビール

木津川流域の近くに位置する〈ことことビール〉は、もとは奈良の酒蔵に勤めていた板東智也さんと、みつ美さんがはじめたちいさな醸造所だ。独立を考えた時、供給過多が課題となっている日本酒業界では、

1. [ASOBI Pale Ale] と、京都産の豚肉を使った「TANGOYA：スペアリブ」 2. 取材時は、ちょうど新作 [ゆきあかり] の醸造中だった 3. 与謝野町でとれた野菜を使った「自家漬けピクルス」 4. 〈丹後屋醸造〉で作ったクラフトビールが飲めるのは、ここだけ

1

2

4

3

新規で酒造免許が取れないこともあり、新たな道として二人が進んだのが、クラフトビールの世界だった。

「初めてクラフトビールを飲んだ時、今まで飲んでいたビールとは違う味わいに驚いて。そこから各地のクラフトビールを飲み比べるようになって、この世界のおもしろさを知りました。自由度が高く、楽しくオリジナルの味わいを追求できますから」

奈良と京都の両方に当てはまる「古都」と、ここならではのビール仕込みの特徴から名前が決まった。

「うちのクラフトビールは、ガス火で仕込んでいるんです。〝ことこと〟は、そんな煮込む時の音の印象も含んでいます。本来、仕込みは機械でほとんど管理や調整ができますが、ガス火を使うことで、あえて100%均一な味にならない部分を魅力にしたくて。日本酒は、毎年できる新酒の味わいが違いますよね。そういう、仕込んだビールごとに生まれる、ほのかに違う味わいを楽しんでほしいと思ったんです」。確かに日本酒は、さらにはワインだって、作り手も飲み手も毎年の味わいを楽しみにいただく。そんな少しずつ変わりゆく、生きたようなビールのおいしさに味わえるのは、板東さん夫妻が手掛けるビールならではと言えるだろう。

常に4つの定番メニューがある〈ことことビール〉だが、地域の特産品を原料として使う銘柄も魅力だ。例えば近くには、お茶の産地で有名な南山城村。その茶葉を使ったクラフトビール［ひらけ！茶葉リッチ］は、軽やかなお茶の香りと渋みが味わいを引き締める。また、近くの笠置町のコーヒーショップ〈Doors〉とコラボし、コーヒー豆

を使ったクラフトビール［扉］や、木津川市の特産であるブドウを使った［山城葡萄IPA］など、創作意欲に富んでいる。
「ブドウが木津川の特産品だったって、知らない人も多いんですよ。昔は20件あったブドウ農園も、今は10件程に減ってしまって。伏見から南側は、クラフトビールの醸造所がうちだけなので、クラフトビールを通して、山城町をはじめこのエリアの特産を知ってもらえれば、原料となったその先へ訪れる人も増えるかもしれない」。板東さんの思いからは、すでに有名なものだけでなく、埋もれてしまったいいものをも発掘する熱意が見える。そんないいものの一つは、実はこの〈ことことビール〉の場所でもある。
「クラフトビールが飲めるパブスペースは、以前はカラオケ喫茶。工房は、以前お好み焼き店でした。どちらも地元の方に愛されていた賑やかな場所だった。でもコロナ禍で閉店を決めたそう。パブは当時の内装のままにしていて、これまで音楽会やそば打ち体験などを開いてきました。今度初めて、笑福亭鉄瓶さんによる『落語二席とことことビールを楽しむ会』を開くんですよ。クラフトビールを楽しみながら、落語を聞く。ビールのある楽しい機会をこれからも作っていけたらと思います」

かつてこの土地にあった賑やかな景色。その景色を、板東さんはクラフトビールを作ることで、町のおいしい特産と共に再び築いている。

京都の北と南で育まれる、それぞれのクラフトビールの底力。無限大な可能性とそこから広がる景色は、いつまでも私たちに、その土地の魅力を教え続けてくれるはずだ。

5

6

7

5.茶葉を使っていても透き通ったオレンジ色が美しい、［ひらけ！茶葉リッチ］880円　6.扉を開くと、カラオケ喫茶の名残がある不思議なパブスペースが！　7.ガス火にかけながら丁寧に混ぜていく、醸造担当のみつ美さん　8.定番の4種類は、右から［漆黒のスタウト］、［圧倒的ホップ！IPA］、［GO！GO！ヴァイツェン］、［黄金色になれ！ピルスナー］各770円　9.ビールづくりの楽しさが伝わってくる、とびきり笑顔な智也さん

8

9

株式会社ローカルフラッグ　ASOBI BEER

かぶしきがいしゃろーかるふらっぐ アソビ ビール
050-5373-5587
与謝郡与謝野町字下山田1342-1 ※1FはTANGOYA
Instagram @asobi.beer

ことことビール

ことことびーる
0774-39-7350
木津川市山城町平尾三所塚58
Instagram @kotokoto_beer

イベント情報
『落語二席とことことビールを楽しむ会』
日時　2025年2月8日（土）　開場 13:30　開演 14:00
要予約、詳細はSNSまたはHPへ

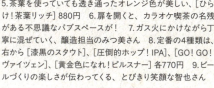

京都フィナンシャルグループ
京都銀行

地域社会の繁栄に奉仕する

2024年度作品の受渡式。安井幹也頭取が作品の説明を受けた

「美術研究支援制度」で若手アーティストが大きく羽ばたく

20年以上、京都の文化・芸術の発展を後押し

京都銀行は、京都市立芸術大学の学生が制作した作品を購入する「美術研究支援制度」を2001年に創設し、20年以上継続してきた。制作者の美術研究費用を直接的に支援することで、若手芸術家の育成を図り、京都の文化・芸術の発展に貢献することを目的とした取り組みだ。2024年度で24回目を迎え、購入作品は189を数える。日本画、油絵、版画、工芸品とさまざまなジャンルのアーティストがこの制度の支援を受けて大きく成長を遂げ、個展を開催したり、ほかの芸術家とコラボレーションしたりと、活動の場を広げてきた。学生たちにとって、この制度が作品を購入される初めての経験になることがほとんど。この経験がその後の研究欲アップにもつながっているのだ。

購入した作品は、ホームページ上で紹介しているほか、京都銀行主催の新春経済講演会会場や自治体が行うイベントなどでも展示してきた。さらに今年秋頃には、京都市立芸術大学の協力を得て2023年10月にオープンした同大学の新キャンパスでの展示会を計画するなど、作品を観る機会を増やしていくことを検討している。

「支援してきた学生たちが、アーティストとして活躍しているのを聞くと、『地域社会の繁栄に奉仕する』という経営理念のもと、四半世紀にわたり、継続してきたことを誇らしく思います。学生の皆さん、そして京都の文化・芸術の振興の一助となればという思いを胸に、これからもこの美術研究支援制度を続けていきたいと考えています」と人事総務部長の吉田。

京都銀行は、2024年度も、学生が手がけた日本画、油画、版画、陶磁器、染織の作品を計8点購入。作品の受渡式では作者が制作意図などを説明した。

作品は2月中旬まで京都銀行本店1階ロビーに展示される予定だ。これから大きく羽ばたこうとする若いアーティストたちの作品を、ぜひ鑑賞してほしい。

2024年度受渡式の集合写真

アーティストインタビュー　**芳木麻里絵さん**

創作の原点に立ち戻るきっかけとなった制度
現在は教員として学生たちを見守る立場に

「とても光栄だと感じたことを覚えています。額装された、大きめの作品が銀行のパブリックコレクションに入って、展示してもらえることが、楽しみで仕方ありませんでした」。こう語るのは美術作家で、京都精華大学芸術学部造形学科准教授の芳木麻里絵さん。京都銀行の「美術研究支援制度」で作品が購入されたのは2006年、芳木さんが京都市立芸術大学の大学院生のとき。それまでにも小品を購入されたことはあったものの、大きな作品が購入されたのはこれが初めてだった。「作品を手放す寂しい気持ちと、誰かが、お金を払って購入してくれることへの感謝、応援していただいている喜びを実感しました」

芳木さんは版画を専攻し、シルクスクリーンの技法を使って、身近なものをモチーフとする作品を作ってきた。対象物を撮影、またはスキャンし、版を作り、何回も何回も刷り重ねて厚みを出す。京都銀行が購入した作品《collection wrapping paper》は、芳木さんが以前から集めていた包み紙の一部を、この技法で制作したものだ。

シルクスクリーンで作品を作り始めたのは京都精華大学3年生の頃。「レースや紙くずなど、身近にあるものを収集してきていたのですが、自分が愛おしいと思って、ものを集めるだけでは、自分のものになっていない。自分の手で印刷して、作ることができたら、やっと自分のものにすることができる。そう思いました」。《collection wrapping paper》を見てみると、紙にある折り目や、少し欠けた部分がある。そういった部分にそのもののストーリーや芳木さんの思いを感じる。「完全じゃないからこそ、琴線に触れる」と芳木さん。〝完全じゃない部分〟を含めて再構築するのだ。

しかし当時は、作品作りに悩むこともあったという。「3Dプリンタが登場して、自身の創作活動と、3Dプリンタで作るのと、どう違うのか。葛藤が生まれていました。そんなタイミングでこの制度で買い上げてくださり、再現ではなく、自身の解釈を重ねて再構築するおもしろみに立ち返ることができました」

現在は創作活動の傍ら、大学教員として母校で後輩の指導にあたる。「若い世代の作品を購入してくれることは率直にありがたいと思います。制作するのに材料代などお金が必要で、アルバイトをしながら、制作している人も多いですから。それに、選ばれることは名誉なこと。この経験を次の作品に生かしていこうと意欲的になれるでしょう」

芳木さんは現在、自宅のアトリエを改修中。アートを通じて交流できる場を設ける予定だ。「作品を展示したり、交流の場として、いろいろな地域の学生や外国人アーティストなどが立ち寄れる場にしたい。実は改修費用のローンも京都銀行なんです」と不思議な縁に笑う。創作活動の背中を押してもらった学生が、今は、学生を見守り、場づくりを企画するまでに。京都銀行が長年続けてきた美術研究支援制度という種が、各地で芽吹き、大きな花を咲かせている。

芳木麻里絵（よしき まりえ）
1982年生まれ。京都市在住。2006年に京都精華大学芸術学部造形学科版画専攻を卒業し、2008年京都市立芸術大学美術研究科修士課程修了。現在、京都を拠点に作家活動を行う。現在京都精華大学芸術学部造形学科准教授、京都市立芸術大学非常勤講師

細かなレースの模様と光の陰影を題材とした《lace #39》（アクリル板の上にシルクスクリーン　16.5cm×21.6cm×2.5+α cm）。2023年。左 作品写真撮影　岡はるか
©Marie Yoshiki, Photo by Haruka Oka

《lace #39》部分

2006年に美術研究支援制度で京都銀行が購入した作品《collection wrapping paper》（アクリル板の上にシルクスクリーン　60cm×78cm×5cm）。2005年

芳木さんの取材・撮影は、京都精華大学の芳木さんの研究室にて行った

京都銀行　京都市下京区烏丸通松原上る薬師前町700番地
https://www.kyotobank.co.jp/

STATION —— RAU vol.2

普段のティータイムを“らうらうしく”

Text Akiko Kiyotsuka／Photo Akihito Mori

四条河原町にあるGOOD NATURE STATIONは、「人にも　自然にも　いいものを。」をコンセプトに掲げる複合商業施設。そのオリジナルスイーツブランド「RAU」のパティスリーがエリアを拡大してリニューアルしたのは昨年12月のこと。地元の人にこそうれしい今回のリニューアルについて、2人のシェフに話を聞いた。

松下 裕介

RAU
シェフ パティシエ

東京のパティスリーやショコラトリーでの修行を経て、29歳で日本初のアシェットデセール専門店「Calme Elen」をオープン。2017年にはマレーシアの5つ星ホテルのシェフパティシエに就任、同年「RAU」へ。これまでにないお菓子の発信を続けている。

高木 幸世

RAU
シェフ ショコラティエール

17歳で料理人としてのキャリアをスタート。東京のパティスリーなどで経験を積んだほか、パリの2つ星レストランでショコラティエに。2018年より「RAU」のショコラティエールに就任。「RAU」のお菓子が食べた人の心に残るようにと思いながら腕を振るっている。

GOOD NATURE

特別な日も、日常も。RAUのお菓子をすぐそばに

ブランド名「RAU（ラウ）」は、気高く、美しいことを表す古語「らうらうじい」から。その言葉通り、まるで美術作品のように美しいスイーツを発信し、食べる人の"特別な日"を彩ってきた。そんな「RAU」が、ブランドスタートから5年を迎えた昨年12月にリニューアル。1階にあったパティスリーはエリアを拡大して3階へ移動。"特別な日"だけでなく、日常も気軽に楽しめるラインナップとなった。

注目したいのはパティスリーのカウンターに登場したショーケース。厨房で焼き上げられた焼き菓子など、約20種類が並ぶ。なかでも店内で焼くフィナンシェは絶品！ひとたび口に入れると、シェフこだわりのバターの芳醇な香りが口の中いっぱいに広がり「ああ、おいしい」と誰もが笑顔になるだろう。

併設のカフェにも新作デセール「Halle（ハレ）」が登場。いつも私たちのすぐそばにあるお米がモチーフで、花瓶や御神酒徳利から着想してきた薄いグレーピンクのチョコレートの器（デセール）の中に、米粉のサブレ、梅のムース、ぬかにつけたミカンのジュレなどが入っており、斬新なのにどこか懐かしい味わいが実現されている。

GOOD NATURE STATIONの3階は京都髙島屋とも直結。買い物帰りや会社帰りに立ち寄ってみてはいかがだろう。

ハレの日も、ケの日も、らうらうしく

日常使いに

個包装

シェフおすすめのチョコレート菓子（980円〜）。他に300円台から買える個包装の焼き菓子も揃う。日々のご褒美や、ティータイムに特別感を添えて

厨房で焼き上げられた焼き菓子が並ぶショーケース。バターが香るフィナンシェのほか、口溶けまろやかなマドレーヌ、バナナスパイスブレッドなどのベーカリーも。※テイクアウトのみ

どんどん焼き上がるよ！

焼き菓子

3階に移動したパティスリー。リニューアルによりエリアは拡大され、RAUのお菓子を実際に手に取ったり、香りを感じたりできるようになった。

パティスリー

特別な日に

「Ao」「Midori」「Murasaki」など、色を名前に冠したボンボンショコラ"iro"シリーズ。それぞれの色に添えられたテーマや想いも面白い。バレンタインギフトにも。

ショコラ

デセール

新作デセール「ハレ」。梅やミカンのほか、豆腐や紅ショウガなども使われているのだが、すべてが一体となり、やさしい味わいを作り出している。

落ち着いた雰囲気のカフェ。デセールのテーマは「情景を、形状に」。印象的なシーンを切り取ったお菓子の数々には、それぞれに特別なストーリーがある。

カフェ

GOOD NATURE STATION
グッド ネイチャー ステーション

京都市下京区河原町通四条下ル2丁目稲荷町318番
6 075-352-3712（10:00〜17:00）
RAU／11:00〜19:00（cafe LO19:30）
阪急電車京都河原町駅より徒歩約2分
京阪電車祇園四条駅より徒歩約5分
京都市バス四条河原町バス停より徒歩約3分

京都みやげの新定番
Nami-Nami

波型は京都とフランスの両方にある瓦屋根をイメージ

「RAU」の顔とも言えるクリームサンドサブレ「Nami-Nami（なみなみ）」。サクサクした食感の波型サブレに、シェフ自らが足を運んで選んだコスタリカ産のカカオのみを使ったチョコレートをサンド。フレーバーは、プラリネ・ショコラ・ゴマのセットの通常版に加えて、抹茶とピスタチオ、さらに季節限定のものもある。

3本入り　1,944円
6本入り　3,564円
12本入り　6,480円
季節限定フレーバー　2,160円〜

河原町御池から直ぐの喧騒を離れた
穴場的ロケーションにある
チャプター京都 トリビュートポートフォリオホテル。
1階にあるレストラン<CHAPTER THE GRILL>は、
宿泊せずとも使えて、ホテルながら気軽に過ごせるのが魅力。
卒業パーティーや謝恩会、女子会や追い出し&新歓コンパにも！

THE CHAPTER KYOTO, a Tribute Portfolio Hotelで

“おいしい”遊宴&パーティー

お得なパーティープランを使って落ち着いた大人空間でおいしい宴会

カジュアルながらエレガントなレストラン〈チャプター・ザ・グリル〉。座りごこちの良い椅子や洗練された調度品などが主張する、高級すぎずちょうどいい気軽さが、親交を深めたいパーティーには世代を問わずおすすめ。なかでも4月末まで開催の期間限定CHAPTER THE GRILL パーティープランを税込で五千円から3種類用意し、前菜からデザートまでのコースが楽しめると好評を得ている。どのコースも2時間のフリーフロー付きで、例えばスパークリングワインで乾杯した後は、好きなカクテル、ソフトドリンクを楽しめるのも嬉しい。

ギャザリングコース
お一人／5000円
前菜：盛り合わせ
ピザ：マルガリータ・
　　　クァトロフロマッジ
パスタ：ペンネアラビアータ
メイン：国産鶏肉のクロッカンテ、
　　　　オリーブマッシュポテト
デザート：シフォンケーキと
　　　　　クレームシャンティ
コーヒー又は紅茶

シグネチャーコース
お一人／7000円
前菜：スモークサーモンと
　　　アボカドのタルタル
ピザ：マルゲリータ
パスタ：ロブスターパスタ
魚：ホテル特製フィッシュアンドチップス
　　ハラペーニョタルタル
肉：京都ぽーくと京丹波大黒しめじのグリル
　　昆布マスタードソース
デザート：パンナコッタ　ベリーソース
コーヒー又は紅茶

プレミアムコース
お一人／1万円
前菜：フォアグラのテリーヌ
スープ：季節野菜のスープ
魚：真鯛のヴァプールと
　　フレンチキャビア
　　上賀茂有機野菜を添えて
肉：特選国産牛フィレ肉のグリル
　　熟成バルサミコソース
特製出汁茶漬けと京漬物
デザート：季節のフルーツとジェラート
コーヒー又は紅茶

全コース「2時間のフリーフロー付き」
フリーフローの内容は、日本酒3種類、生ビール、ウィスキー、カクテル、赤白ワイン、スパークリングワイン（Cプランのみ）も！ソフトドリンクも用意されてお好きなだけ。
・４名から応相談　・3日前までに要予約　・全てのプランにフリーフロー２時間付き　・期間は～2025年4月30日迄

ラウンジ的フリースタイルレストラン
新星シェフの発見ある料理を楽しむ

地産地消を目指し、ディスカバリーをテーマに展開する〈チャプター・ザ・グリル〉のシェフは、桝直人さん。京都のパリ発グルメホテルといった有名外資系ホテルなどを経て昨夏就任し、今まで多国籍の食通と接し、本当の美味を追い求めてきた手腕を発揮する。上賀茂産の新鮮野菜を使うなど地産地消のランチに、ディナーには火入れ加減が絶妙なおいしさの肉料理も登場する。バーでは、地元発ジン蒸溜所による季の美ジンを使用したオリジナルカクテルを用意。食を通して京都を存分に楽しめるレストランへ。

1

2

3

1.ホテルの向かい、河原町通り西側に位置するブランドハウス〈季の美 House〉もあることで、季の美ジンを生んだバーテンダー監修オリジナルカクテルを提供。季の美ジンとのペアリングディナーも人気　2.特選和牛フィレステーキ150gと季節の有機野菜　3.「力のある素材を選ぶこと、その素材のおいしさを引き出す料理をしたい」と桝シェフ。時には上賀茂で収穫に立ち会い、土に触れて野菜と対話もするほど素材へのこだわりがある

ゲストがまだ出会っていない京都の物語に触れて、
新しい旅の形をご提案するホテルの『素敵なプラン』

宿泊プラン

茶室をイメージしたホテル客室に京都蒸溜所を代表する季の美ジンのミニボトルを用意。好きな飲み方で、お部屋でゆっくり堪能できるだけでなく、ホテル到着後に1階にあるレストラン＜チャプター・ザ・グリル＞にて、京都を感じるウェルカムデザートとパリのオーガニックティーメゾン KUSMI TEA のセットを楽しめる宿泊プラン。

季の美ジンとデザートセット付き宿泊プラン

京都蒸溜所季の美ジンのアメニティとウェルカムデザートセット付きプラン
特典内容
1)「季の美ジン」ミニボトル
2) ホテルのレストラン CHAPTER THE GRILL にて、
ウェルカムデザートとオーガニックティーメゾン KUSMI TEA のセット
※トリビュートルーム2万4714円～。2025年6月30日までのプラン
※予約時のプロモーションコード：E4000

チャプター京都
トリビュートポートフォリオホテル

075-221-3220
京都市中京区河原町通二条上ル清水町341

1階レストラン「CHAPTER THE GRILL」
MORNING　7:00～11:00(LO／10:00)
LUNCH　11:45～15:00(LO／14:30)
CAFÉ　13:00～17:00(LO／17:00)
DINNER　17:00～22:00(LO.／21:00)

SPORTS MITSUHASHI

京都、大阪、奈良、滋賀、兵庫の総合スポーツショップ ミツハシスポーツ

春カラーで動き出そう

体がぎゅっと縮みがちな寒い冬から立春を迎え、
日に日に春を感じられる季節に。
心も体も軽くなり、動き出したくなる人も多いのでは。
春らしいカラー、デザインのアイテムを身に着けて、
新しいことをはじめよう。

一人ひとりに合ったご提案をします。気軽に声をかけてくださいね

初めてのお客様の場合、まずその方の日常をヒアリングします。週何回くらい運動されるのか、色の好み、アイテムの用途まで。運動のためだけではなく普段の生活にも活用してもらえるよう、一般的なおすすめ以上に「その方へのおすすめ」を大切にしています。

ミツハシ・京都フラッグストア
内山友貴さん
スポーツシューフィッター。
陸上経験からトレーニングのアドバイスも可能

FIT-EASY 茨木店オープン！

全国で180店舗以上展開するアミューズメントフィットネスクラブ・フィットイージーが、茨木に2/12～グランド（1/31～プレ）オープン

内山さんおすすめ
日本ではレアな存在！

Brooks GHOST 16 17,600円
アメリカでトップクラスの人気を誇る。
足の悩みにも幅広く対応

スポーツを始めたい人の味方！ランニングアイテムならおまかせ

13種目の競技用品からアウトドア用品まで、幅広く扱うフラッグシップストア。ランニングアイテムは専門店「襷 -TASUKI-」を構え、知識豊富なスタッフに相談できるのも心強い。また京都マラソンの試走会や、どのレベルの参加者も楽しめるランニングイベントを開催するなど、体を動かしたい人を様々な面でサポートしてくれる。

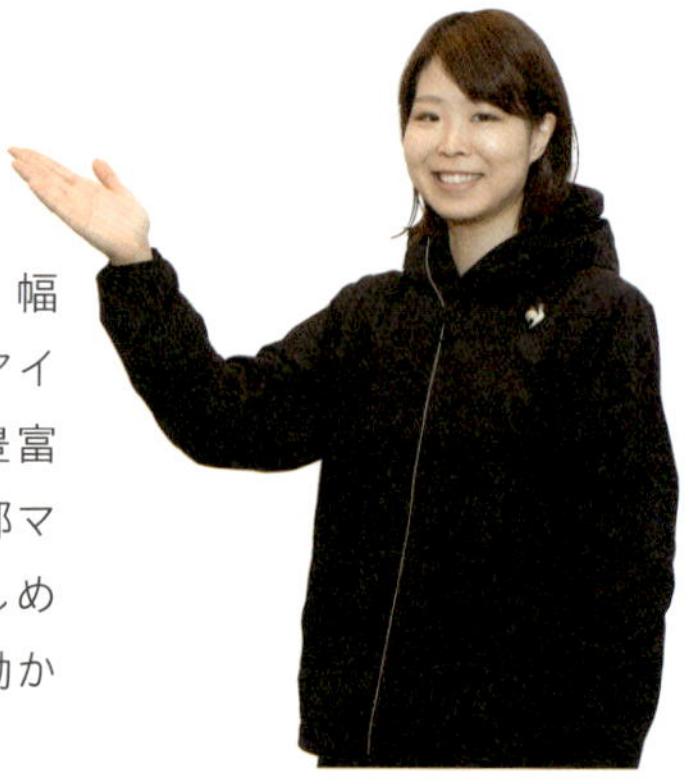

MITSUHASHI NEW BLAND

GNL

360°WALK
SWISS TECHNOLOGY

**新しい発見、旅、出会いに
次世代 360° クッション採用
GNL と出かけよう！**

GNLの創業者であり、スイス工科大学出身のエンジニアであるユルグ・ブラウンシュワイラー氏がアスファルトの上に広がっている砂のクッション性に着目して開発したシューズです。雨の日でも使用可能な防水モデルなど、様々なシーンに合わせたモデルを取り揃えています。特許を取得しているGNL社独自のアウトソールテクノロジーで360度方向の足にかかる衝撃を吸収しながら、安定した履き心地と一歩一歩の蹴り出しを実現しています。

**京都フラグシップストアにて
3月上旬より発売予定！**

GNL
EASY WARK WHITE
28,600円

日本初上陸！

独自のGNLソールは、特許取得済みのGlide'n Lock (TM) 原理に基づいて動作します。

スポーツミツハシでご体感ください
IMPRESSIVE360°
CUSHIONING SYSTEM

心も動く体が動く ウェア&シューズを 手に入れる

鮮やかカラーに個性的な柄、アイテム選びがスポーツのモチベーションに！厳選シューズやコーディネートを紹介

ヨガウェアセット
DA MISS®：
グラフィックTシャツ 8,690円、
カーゴカプリパンツ 9,790円、
WACOAL スポーツゆれケアブラ 5,060円
カバー力の高いウェアでヨガをしたい人に。オーバーサイズが特徴のDA MISS®の上下。ブラトップはワコール。しっかりしたサポートで胸の動きを抑えるなど安心のつけ心地

HOKA RINCON 4 16,500円
驚くほど軽量！マキシマムクッションで足がふんわり包まれる

**Adidas
SUPERNOVA RISE** 15,400円
科学的に分析した、快適ランがコンセプト。走りに集中できる

ランニングセット
STAMP RUN&CO：
STAMP WOMENS GRAPHIC RUN TEE 5,830円、
STAMP 3 POCKET SHORTS 11,990円
デザイン性が高く、身軽さが特長のSTAMPの上下は、ウェアでモチベーションを高めたい人に。トップスの裏地はメッシュで通気性がいいなど、もちろん機能性にも優れている

山スタイル
THE NORTH FACE：
FL Drizzle Jacket 30,800円、
Alpine Light Pant 17,600円、
Jester 26L 14,300円
ノースフェイスの山スタイル。体温調整ができ、さらにデイリーユースでも活躍してくれるアイテムを厳選。パンツは生地を組み合わせることで足の形にフィットして動きやすく

On Cloudmonster 2
23,100円
人気の厚底モデルがパワーアップ！最強のクッション性で力強い走りを

Nike エア ウィンフロー 11
12,100円 Clushon採用でサポートカアップ。また軽やかさと弾力性も魅力

※記載している価格は、2025年1月現在の価格で、税込み価格です。

**京都を中心に関西に 9 店舗展開、
近くのミツハシでお待ちしています**

京都フラッグシップストア
075-221-3284　京都市中京区御所八幡町240
https://www.3284.net/shops/kyotoflagsipstore/

Coupon
このページを店頭でお見せいただくと
**ミツハシ オリジナルボトル
をプレゼント！**
注意事項
※有効期限 2025年7月末まで有効　※1回限り有効
※他のクーポンや割引券と併用不可　※京都フラグシップ店のみ有効

スタッフ
確認欄

SPORTS MITSUHASHI
スマホアプリ
メンバーズで
お得にお買い物

実店舗でもネットでも共通ポイントでさらに便利に！
1 お買い物の度にポイントがもらえる
・本登録後、貯まったポイントは500P＝500円で利用
・500P単位ごとに利用可能
2 お誕生日月に500Pプレゼント
・お誕生日の登録をするだけ
3 お得なセール情報がいち早く届く

特集2

京都のおいしいハンドブック

京都には数多くの店あれど、
色々なシチュエーションで、
京都の〝おいしい〟が楽しめるハンドブックをお届けします。
「あの人なら、どんなお店に足を運ぶだろう?」と思う方に
メニューの選び方や楽しみ方を教えていただきました。
このハンドブックを片手に、京都の〝おいしい〟を見つけよう。
特別付録で京都の行事食カレンダー付き。

Illustration　Mame Ikeda　　掲載している情報は2024年12月現在のものです。

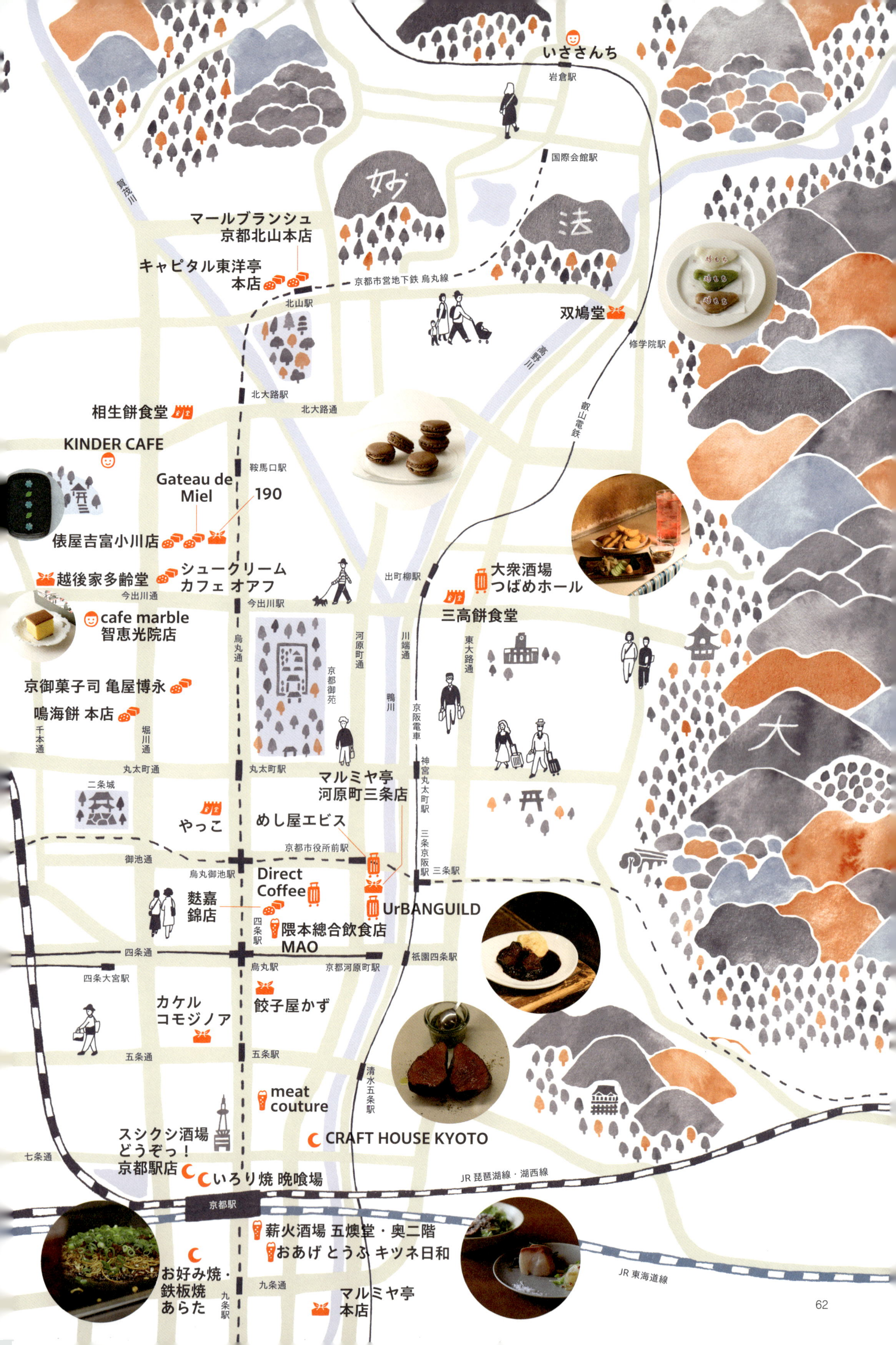
いささんち
岩倉駅
国際会館駅
賀茂川
妙
法
マールブランシュ
京都北山本店
キャピタル東洋亭
本店
京都市営地下鉄 烏丸線
北山駅
双鳩堂
修学院駅
高野川
北大路駅
北大路通
叡山電鉄
相生餅食堂
KINDER CAFE
鞍馬口駅
Gateau de
Miel
190
俵屋吉富小川店
越後家多齢堂
シュークリーム
カフェ オアフ
出町柳駅
大衆酒場
つばめホール
今出川通
今出川駅
cafe marble
智恵光院店
三高餅食堂
烏丸通
河原町通
川端通
東大路通
京都御苑
京御菓子司 亀屋博永
鳴海餅 本店
鴨川
京阪電車
千本通
堀川通
大
丸太町通
丸太町駅
神宮丸太町駅
二条城
マルミヤ亭
河原町三条店
やっこ
めし屋エビス
京都市役所前駅
三条京阪駅
三条駅
御池通
烏丸御池駅
Direct
Coffee
麩嘉
錦店
UrBANGUILD
四条駅
隈本總合飲食店
MAO
四条通
烏丸駅
京都河原町駅
祇園四条駅
四条大宮駅
カケル
コモジノア
餃子屋かず
五条通
五条駅
meat
couture
清水五条駅
スシクシ酒場
どうぞっ！
京都駅店
CRAFT HOUSE KYOTO
七条通
いろり焼 晩喰場
JR 琵琶湖線・湖西線
京都駅
薪火酒場 五燠堂・奥二階
おあげ とうふ キツネ日和
JR 東海道線
お好み焼・
鉄板焼
あらた
九条通
九条駅
マルミヤ亭
本店

京都のおいしいハンドブック

KYOTO NO OISHĪ HAND BOOK

細井悠玄さんに聞いた
ビジネス利用したい店&
夜遅い目に狙いたい店

京都の飲食店を語るのに細井悠玄さんは外せない。月間60万アクセスを誇るWEBメディア『京都速報』の編集長だ。京都の隅々まで食べ歩く細井さんに、「ビジネス利用したい店」「夜遅い目に狙いたい店」の2テーマでおススメ店を聞いた（66〜69P）。細井さんに聞く京都の飲食店選びの心得とは——？

Text Tomomi Uriu, Ayumi Ishino, Kaho Hashimoto / Photo Katsuyuki Hatanaka

木屋町13番路地てるや小路にて

年間500軒以上食べ歩いて足で稼いだ情報を発信

新店を紹介するWEBメディア『京都速報』のほか、『ロジウラTV』『京都エンタメTV』の二つのYouTubeチャンネルを運営しながら、販促やSNSコンサルティング、コンテンツ制作などの事業を手掛ける〈BOEN株式会社〉代表取締役細井悠玄さん。2018年に起業する以前は、情報誌を発行する出版社に15年勤務した〝紙媒体の人〟でもある。営業、ムック本やWEBメディアの立ち上げと編集、そして錦市場に寿司店を立ち上げと、メディアと飲食を軸にした業務を次々と経験した。

現在、自社メディアの取材で年間に500軒以上の飲食店を訪ねる。守備範囲はラーメンから割烹までと幅広く、今やテレビ出演のオファーもある人気者だ。そんな細井さんの情報発信の源は、出版社時代に培った、そして今も拡大中の、足で稼ぐネットワークにある。「情報は前職のつながりで教えてもらったり、取材に行った先で新しい情報を聞いたりすることが多いです。営業をしていた時、飲食店から広告をもらおうとしたら、その店や周りの店のことを知ってないと話にならない。例えば、『あの店の店主は〇〇（飲食店名）出身』だとか、京都ではそういう話をよく聞くんですよ。そんな会話ができるようになると、楽しくて」

仕事関係の食事でも注目店が人気 一緒に行く人に合わせてセレクト

「おすすめ店を教えてほしい」というリクエストには、幾度となく答えてきた細井さん。今回は「ビジネス利用したい店」「夜遅い目に狙いたい店」のテーマで店を推薦していただいた。

ビジネス利用については、「コロナ禍を経て、大人数での宴会は少なくて、4人ぐらいの、顔が見える相手とゆっくりと食事することのほうが多くなったようです。昔ながらのいわゆる〝接待〟が主流だった頃と比べると、最近はクライアントとの距離が近くなった気がします」。食事の場で商談するというよりも、お互いの理解を深めるためにテーブルを囲む。そんな時間を実りあるものにするなら、一緒に行く人が喜ぶ店を選ぶことが基本。「僕が考慮するのは、相手の趣味や趣向。例えば、2軒目に祇園の店に行く人なら、1軒目は祇園へのアクセスがいいところがいいですし、インスタをしている人なら映える写真が撮れるところがうれしいはず。まだあまり親しくなくて、会話が弾まない相手なら、話し上手な店主がやっている店のカウンターで、店主に場を和ませてもらうのもいいですよね」と、相手の好みや場の雰囲気を重視。ブレストのようにざっくばらんに話したいなら個室もありだ。いずれも今話題になっている旬な店は喜ばれるそう。

上、中／この日は、〈高倉屋商店内バッキーズバー〉にて、YouTube撮影。　下／「ロジウラTV」でおなじみの「うます」のポーズ

閉店時間が夜遅い店なら ピークをずらして訪問できる利点も

そして、夜遅い時間帯まで営業している店については、「予約困難店といわれる人気店も、夜7時半～8時頃までは満席でも、そのあとは入れることもあります」と、店の最初のピークが過ぎた〝2回転目〟〝3回転目〟を狙える可能性も。営業時間をチェックして時間帯をずらして入店を試みるのもいいかもしれない。

細井さんをはじめ、こんなにも多くの人を虜《とりこ》にする京都の飲食店の魅力とは何なのだろう？「おいしいのは当たり前。おもしろいのは、個性的な店主が多いことや、誰々が新店を出すらしいとか、まちの情報が飛び交うこと。ちょっと上級編かもしれないけれど、そんな話をしてもらえるほど店の人と親しくなれると一段と楽しくなります」。近年は賃料の高騰で、繁華街の中心部に個人店が出店するのは厳しい状況だが、四条大宮や西院、二条城の北側、出町柳などに、20席ぐらいのこぢんまりした店を出す人が多いとか。今晩もどこかで名物店主と会話をしている細井さん。実体験から発信する京都のおもしろさが、全国のファンをひきつけてやまない。

細井悠玄　ほそい ゆうと

亀岡市生まれ。15年間の出版社勤務ののち、2018年独立。現在、BOEN株式会社代表取締役。『京都速報』『ロジウラTV』などのWEBメディアやSNSでの情報発信のほか、PR事業、デザイン、SNSコンサルに取り組む。https://boenkyoto.com/

ビジネス利用したい店

おあげ とうふ キツネ日和
おあげ とうふ きつねびより

カジュアルな豆腐料理が新しい！

京都駅八条口から徒歩5分ほどの場所にある〈おあげ とうふ キツネ日和〉。ハードルが高いと思われがちな京都名物の豆腐料理をカジュアルに楽しんでほしいとオープンした。異なる大豆の豆乳を使うなど、素材にこだわる豆腐と油揚げは全て自家製。メニューには、あっさりと味わえるヘルシー系のほか、豆腐メンチカツやすき焼きなど熟成肉を使った料理もあり、バラエティに富み、食べ応えも十分だ。厨房を囲んだカウンター席のほか2階にも半個室のテーブル席がある。新しい京名物の楽しみ方を共に楽しむビジネスディナーはいかが。

上 日本酒のアテにもぴったりな豆腐5種味比べ1280円。外はパリッと中はふんわりの名物おあげ680円　下 キツネの形の揚げが入った鳥だし湯豆腐780円

料理がおもしろくて、
会話のネタに困りません！

おあげ とうふ キツネ日和

おあげ とうふ きつねびより
京都市南区東九条西山王町1-6、075-574-7102、17:00~22:30(LO21:45)、日曜休・不定休あり、https://kitsunebiyori.foodre.jp/

meat couture
ミート クチュール

クラシックかつ自由な肉料理で魅了

〈meat couture〉は京都駅近く、東本願寺前にある席数16ほどの肉料理専門店。クラシックだが枠にとらわれないおいしさを追求する店主が作るのは、素材を吟味した自家製シャルキュトリーやさまざまな肉のロースト。段階的に加熱し、火が入りすぎないぎりぎりのところを狙って仕上げた牛ランプのローストには、パセリとビネガー、スパイスで作ったアルゼンチンのチミチュリソースを添える。ワインが合うのは当然のことながら、意外と合うのが日本酒だとか。13人以上なら貸し切りも可能。落ち着いた雰囲気でゆっくりと食事を楽しむにはぴったり。

上 牛ランプ肉 ロースト チミチュリソース3000円　下 ロースト野菜の盛り合わせ ロメスコソース1700円、シャルキュトリー盛り合わせ3000円(盛り合わせの写真は一例)。いずれも2人分

お洒落でおいしいお店を
貸し切ることができて、
接待でも好印象を持ってもらえそう。

meat couture

ミート クチュール
京都市下京区上珠数屋町下ル亀町8番地、075-600-9792、17:00~23:00(フードLO22:00、ドリンクLO22:30)、火曜休み、不定休あり、https://lit.link/kyotomeatcouture

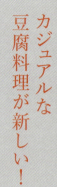

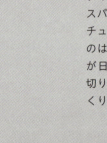

薪火酒場 五燠堂・奥二階

まきびさかば ごおうどう・おくにかい

2階の個室で近江軍鶏のすき焼きを堪能

自社農園で育てた野菜を中心にした料理で、京都市内に11店舗を展開する五十家グループ。京都駅八条口から徒歩3分の〈薪火酒場 五燠堂〉は、薪で焼いた素材の旨みを堪能できる店だ。ビジネスパートナーを野菜でもてなすのもいいが、2階にある〈奥二階〉もおすすめ。こぢんまりとした個室で、「近江軍鶏のひきずり鍋コース」を味わえる。近江軍鶏を1羽丸ごと、ひきずり鍋（すき焼き）でいただく。通常の約1.5倍の飼育期間をかけた近江軍鶏は口にした時の弾力とコクが段違い。もちろん野菜もたっぷり。鍋を囲めば距離が縮まり、仕事の話も進むかも。

近江軍鶏ひきずり鍋コース1人8000円。すき焼きのほか、季節の野菜と魚を使用した前菜2品、揚げ物1品、季節のフルーツ付き。4人以上からオーダー可、写真は5人分

薪焼きに特化している1階もおすすめ！
雰囲気も抜群にいい。

薪火酒場 五燠堂・奥二階

まきびさかば ごおうどう・おくにかい
京都市南区東九条西山王町8−1、075-691-5009、17:00~23:00（LO22:30）、不定休、https://isozumi.jp/gooudo/　奥二階は4人以上で、2日前までに要予約、最大12人まで。

5000円のコースより、若鶏のもも唐揚げ、カルパッチョやシーザーサラダ（一例、写真は3人分）。飲み放題には生ビール、ウイスキー、焼酎、ワイン、サワーなども

蔵を貸し切って、名物の唐揚げに舌鼓

隈本總合飲食店 MAO

くまもとそうごういんしょくてん マオ

商業エリアであり、オフィス街でもある四条烏丸。11年前にオープンした〈隈本總合飲食店 MAO〉は、築100年超の元呉服店をリノベーションした心地よい空間と、ランチの「若鶏のもも唐揚げ食べ放題」で人気を博している。同店の母屋を通り抜けたその先にある蔵を貸し切りにできることはご存知だろうか。蔵は2フロアあり、それぞれ6名から利用可能。コースのみの対応で、セルフ方式の飲み放題と人気の唐揚げもセット。接待のほか、打ち上げで利用するグループも多いそう。街中にポツンと佇む隠れ家のような空間で、自分たちのペースで楽しもう。

僕も蔵でイベント打ち上げやりました！

隈本總合飲食店 MAO

くまもとそうごういんしょくてん マオ
京都市中京区東洞院通錦小路上ル元竹田町644、075-746-4721、月～木曜 11:00~ 15:00（LO14:30）、18:00~22:00（LO21:30）、金・土曜、祝前日のディナーは18:00~23:00（LO22:30）、日・祝日11:00~16:00（LO15:30）※蔵の利用はディナータイムのみ、不定休、Instagram@kumamotosougouinsyokuten　前日22:00までに要予約。

夜遅い目に狙いたい店

お好み焼・鉄板焼 あらた
おこのみやき・てっぱんやき あらた

京都の下町の味、ベタ焼きで一日を〆る

夕方のオープンとともに、赤い暖簾に吸い込まれるように客が訪れる〈お好み焼・鉄板焼　あらた〉。黒々と鈍く光る大きな鉄板に、生地を薄くひき、キャベツにもやし、麺をのせて……と、京都の下町の味・ベタ焼きが次々とでき上がる。ベタ焼きに特製の「あぎ肉」(牛のあご肉)をのせた「あらたお好み」は、この店の名物。ベタ焼きの完成間際、タレを絡めたあぎ肉を鉄板で焼くが、この香りだけで酒が進みそうなくらいの誘惑度。ラストオーダーは午後9時45分。開店直後に入店するのを逃したなら、遅い目にもう一度覗いて、〆にするのを狙ってみよう。

あらたお好み1848円、赤(バクダン)693円。創業して45年、京都駅南で愛されてきた。大阪風お好み焼きや鉄板焼きなども人気

何食べても美味しいし、雰囲気も好き。

お好み焼・鉄板焼 あらた
おこのみやき・てっぱんやき あらた
京都市南区西九条院町24-4、075-661-5444、17:00～22:30 (LO21:45)、日曜休・不定休

スシクシ酒場 どうぞっ！ 京都駅店
スシクシさかば どうぞっ！ きょうとえきてん

驚きのコスパで魅了する「令和の大衆酒場」

赤の椅子が並んだ店内に、色とりどりの提灯が下がって「令和の大衆酒場」といった陽気な雰囲気。多彩なメニューとリーズナブルな価格が評判の〈スシクシ酒場　どうぞっ！　京都駅店〉は、夕方から夜遅くまで多くの人で賑わっている。99円(税込みで109円)という驚きの価格の牡蠣は、長崎県九十九島から直送。味がしっかり濃いのが特徴だ。種類豊富な串揚げやお酒のアテにもなる細巻きのほか、シャリを揚げてネタをのせた「寿司串揚げ」といったユニークなメニューも気になるところ。あれこれ食べて、ワイワイ飲める。使い勝手のいい一軒だ。

上 ぷりぷりの牡蠣は1個109円　下左 寿司串揚げ4種盛769円、おとなのクリームソーダサワー659円ほか　下右 京炙り鯖寿司439円

牡蠣をこの値段で！思いっきり食べられます。

スシクシ酒場 どうぞっ！ 京都駅店
スシクシさかば どうぞっ！ きょうとえきてん
京都市下京区西洞院通七条下ル東町581-2 アーバン樹下1F、075-585-4477、16:00～翌1:00 (フードLO翌0:00 ドリンクLO翌0:30)、無休、https://sushikushi.owst.jp/

For late night meals

いろり焼 晩喰場
いろりやき ばんくーばー

美味しさを逃さない！
名物「原始焼き」

〈いろり焼　晩喰場〉は、積み上げた炭火で焼き上げる「原始焼き」が名物。遠火の強火で加熱するため、旬の魚や野菜の旨みを存分に楽しめる。この原始焼きで味わう「大トロイワシの塩焼き」は、表面はパリッと、身はふっくら。スタッフが「究極の焼き魚」と自慢する必食メニューだ。店名にある“バンクーバー”は代表の林篤弘さんが約20年住んでいたまち。その自由な空気感を作りたいと、店のモットーは「お客さんが喜ぶ接客」。厨房が見渡せるカウンター席に座って「今日食べるべきは？」と相談すれば、最高の一品に出会えるに違いない。

上 大トロイワシ1尾960円　下 お造り盛り5点2560円（2人分）。刺身の厚めのカットは素材への自信の表れ

原始焼きがインパクト大！
店内の内装もお洒落です。

いろり焼 晩喰場

いろりやき ばんくーばー
京都市下京区東塩小路町598-4、075-275-0599、17:30~24:00(フードLO23:00、ドリンクLO 23:30)、月1回休み（不定休）
https://co-lpllc.com/vancouver

タップビールはR（350ml）1100円～、L（470ml）1300円～。お供はフィッシュ＆チップス～柴漬けタルタルソース～（1600円）など

CRAFTHOUSE KYOTO
クラフトハウス キョウト

人をつなぎ、
文化をつなぐクラフトビール

店前のオープンエアのスペース、カウンターや2階席までも。クラフトビールを片手に毎晩多くの人が〈CRAFTHOUSE KYOTO〉での時間を楽しんでいる。日々のラインナップは、黒板をチェック。12タップの中には京都市右京区の京北で製造した自社のクラフトビール〈KYOTO NUDE BREWERY〉の商品も。「KUNPU-薫風-」「KUMOI-雲居-」など日本語で名付けているのは、「海外のお客様にも日本の文化に興味を持ってもらえたら」との思いの表れ。フルーティで軽い飲み口のビールやホップの力強さを感じる一杯まで、多彩な取り揃えで、今夜も訪れる人たちの会話を弾ませてくれる。

おしゃれな雰囲気で、
クラフトビール飲みたいときに

CRAFTHOUSE KYOTO

クラフトハウス キョウト
京都市下京区大宮町211、075-708-8200、月～金曜16:00~23:00（フードLO22:45、ドリンクLO22:30）、土・日曜は12:00～、不定休、Instagram@crafthouse_kyoto

京都に住み暮らす人が
食べている

いつものおやつ

京都の町家に住み暮らす
岡元麻有さんが食べている、
とっておきの「おやつ」をご紹介。

Text Yuniko Hirose
Photo Kenta Suzuki (PACE&SPACE)

和菓子

笹の香りと、
つるんとした食感が
クセになります。

魅まんじゅう5個入り1350円。丹波大納言のこし餡を包んだ定番麩まんじゅう。錦店で購入可能。本店では予約が必要

麩嘉 錦店の

麩まんじゅう

創業約200年の歴史を誇る京生麩の専門店。地下70mからくみ上げた地下水を使用し、職人が一つ一つ手作りした生麩は、料理に華を添えると料亭ご用達。生麩が好物だった明治天皇の発案で、デザートとして楽しめる生麩まんじゅうを初めて作ったのも麩嘉。自家製のこし餡を清々しい青のりの風味の生麩で包み、笹で巻いた定番のほか、桜や栗など季節ごとの風味が６種類ある。「丁寧に作られているのがよく分かります。夏に恋しくなりますがいくつ食べても罪じゃない感じが好き」。

麩嘉 錦店
ふうか にしきみせ
075-221-4533
京都市中京区錦小路堺町角菊屋町534-1
https://fuka-kyoto.com/

栄養満点で、
おいしいきなこが
たっぷりかかっています。

本わらび餅2人前1000円。 4人前は2000円。いくつでも食べられてしまう美味しさ

京御菓子司 亀屋博永の

本わらび餅

そっと佇む小さなお店は、亀屋清永で菓子職人として40年勤めたご主人が、定年後にご夫婦で開いた和菓子屋。名物のわらび餅は、希少な本わらび粉を使い、1時間じっくり火にかけて練り上げ、和三盆糖と黒糖入りでコクのある甘さが特徴。85歳のご主人と奥さんが「気さくに対応してくれて、丹波黒豆のきなこをたっぷりかけてくれるのもうれしい」という通り、お二人の人柄も魅力。ふわふわと弾力のある食感もたまらない。みたらし団子やおはぎ、上生菓子なども一緒に。

京御菓子司 亀屋博永
きょうおんがしし かめやひろなが
075-431-4438
京都市上京区油小路通下長者町下ル大黒屋町38

特集2　京都のおいしいハンドブック｜京都に住み暮らす人が食べている　いつものおやつ

岡元麻有

京町家ギャラリーbe京都館長。築200年以上、歴史がある京町家に暮らしながら家族3人と愛犬と暮らしている。

季節が感じられ、
見ているだけで
幸せな気持ちになります。

琥珀雪輪と柊、各108円。15日日持ちが可能。月ごとに味が変わる

俵屋吉富 小川店の

琥珀《こはく》

創業270年、江戸時代中期から続く老舗菓子店。代表銘菓の「雲龍」をはじめ、季節を感じる和菓子がそろう。干菓子は月ごとに20種類がラインナップし、可愛らしい琥珀は5～6種類から選べる。寒天のシャリシャリとした食感が心地よく、「ついつい手がとまらなくなってしまう」と人気。季節をデザインした琥珀は1個から購入でき、好きな干菓子を選び、かわいらしい箱に詰めてもらえるのも魅力。季節の風味の琥珀は小箱入りで1080円。手土産にもぴったり。小川店はイートインも可能。

俵屋吉富 小川店

たわらやよしとみ おがわてん
075-411-0114
京都市上京区寺之内通小川西入ル宝鏡院東町592
https://kyogashi.co.jp/

大好きな鳴海の赤飯を
お饅頭で食べることが
できるのが楽しい。

赤飯万寿1個198円（テイクアウト195円）。店内でコーヒーや和紅茶各330円と一緒にいただくのもいい

鳴海餅本店の

赤飯万寿《せきはんまんじゅう》

明治8（1875）年創業の老舗餅屋。創業当時から、もち米は冷めてもかたくなりにくい「佐賀県産ヒヨクモチ」を使用。丹波大納言小豆を贅沢に使い、地下水で炊き上げた赤飯は「京都でお赤飯と言えば鳴海さん」といわれるほど知名度が高く、岡本さんも「鳴海の赤飯は常に恋しくなります」と絶賛。その名物の赤飯を、ふんわりやわらかな小麦生地で包み、蒸しあげたのが赤飯万寿。一つ一つを手包みし、昔ながらの蒸籠で蒸したふわふわの生地と赤飯のモチモチした食感が絶妙。店内でお茶と一緒に楽しめる。

鳴海餅本店

なるみもちほんてん
075-841-3080
京都市上京区下立売通堀川西入ル西橋詰町283
https://www.narumi-mochi.jp/

洋菓子

安定のおいしさに加え、
比較的お手頃なので
よくお世話になっています。

フレッシュクリームシュー380円。イートインでコーヒー305円と一緒に楽しんで
※2月末までは雪ダルマのデザインになります

シュークリームカフェ オアフの

シュークリーム

ハワイ語で「人が集まるところ」という意味のカフェ＆スイーツ店。看板商品のシュークリームは、口どけのよいなめらかな仕上がりにこだわった特製カスタードクリームをたっぷり使用。特製カスタードと北海道産生クリームをブレンドしたオリジナルシュー250円、北海道産生クリームの配合が多い生クリームシュー270円、北海道産生クリームを山のようにトッピングしたフレッシュクリームシューと３種類。季節のロールケーキも人気。気軽に立ち寄れるお手頃価格もうれしい。

シュークリームカフェ オアフ
075-414-1282
京都市上京区堀川今出川上ル東側
https://oahu.co.jp/

初めて見た時、
なんと美しいフォルムか
と驚きました！

中に蒸し栗が入った定番のモンブラン649円。すっきりとした味わいのオリジナルの和紅茶「和束マレ」1000円と一緒に

マールブランシュ 京都 北山本店の

モンブラン

創業1982年、京都を代表する洋菓子店。季節のケーキやお濃茶ラングドシャ「茶の菓」などギフトがそろうなか、創業当時からスペシャリテのモンブランは不動の人気。香り高いラム酒が効いた大人のマロンクリームと蒸し栗の存在感、生クリームの口溶けが絶妙。こちらのモンブランは栗がのっていませんが、シルエットの美しさも魅力。サロンでは定番のほか、季節のモンブランやオートクチュールのモンブランなど、わくわくする北山店限定のデザートも。

マールブランシュ 京都 北山本店
マールブランシュきょうと きたやまほんてん
075-722-3399
京都市北区北山通植物園北山門前
https://www.malebranche.co.jp/

特集2　京都のおいしいハンドブック｜京都に住み暮らす人が食べている　いつものおやつ

ほのかに香る
バニラビーンズも
アクセントになっています。

一枚ずつ手焼きし、バターの香ばしさが出るようにしっかり焼きあげた生地とカスタードと生クリームを重ねたミルクレープ420円

Gateau de Miel の
ミルクレープ

パティシエの娘と母で営むケーキ屋さん。上賀茂神社の手作り市で行列ができるほどの人気があり、上京区の店舗営業は金曜日限定。まるでチーズのような濃厚な味わいの看板商品の極楽チーズケーキを求めて、金曜日を待ち遠しく思っている客も多い。定番や季節限定品などケーキは12～13種類。中でも「何層にも重ねられたクレープ生地と、バニラビーンズがほのかに香るクリームが大好き」とおすすめするミルクレープのファンも多い。売り切れ次第終了なので、10時30分の開店時がおすすめ。

Gateau de Miel
ガトー ド ミエル
075-874-7973
京都市上京区寺ノ内通新町西入ル妙顕寺前町499
https://www.instagram.com/gateau_de_miel/

口溶けなめらかで
甘味と苦味が絶妙です！

丸ごとトマトサラダと百年洋食ハンバーグステーキ、ドリンクとデザートがセットになったBランチ2220円のデザート「ティラミス」。12種類のデザートから選べる

キャピタル東洋亭本店 の
ティラミス

明治30（1897）年創業の老舗洋食店。名物は、アルミホイルを開けた瞬間、ビーフシチューの芳醇な香りに包まれる熱々の「百年洋食ハンバーグステーキ」や「丸ごとトマトサラダ」で、こちらをお値打ちで味わえるランチセットがおすすめ。そして岡元さんも「ハンバーグを食べに来たら、スイーツのティラミスがおいしくてびっくりしました」と言うように、こだわりのデザートにも人気。中でもコーヒーの苦みがアクセントになったティラミスはふわふわ。濃厚な洋食の後でもペロリと味わえる。

キャピタル東洋亭本店
キャピタルとうようていほんてん
075-722-2121
京都市北区上賀茂岩ヶ垣内町28番地3
https://www.touyoutei.co.jp/

Recommended even for visitors

国境を超えて楽しめる京都の味

京都には数多くの外国籍の方々が暮らしている。観光客とは違い、毎日の暮らしの中で京都のおいしい味があるのだという。今回大学の講師をしながら、国籍を問わず多くの参加者が集うイベントを実施しているエリックさんに、おすすめの飲食店と共に、国籍は違えど一緒に楽しい時間を過ごすためのヒントを伺った。

Text Mari Iizuka / Photo Sayori Takeshita

おいしい料理を通じて、人が出会う「場」や「機会」をつくる エリック・ルオンさんの「Eric Noodle Bar」

開催されると、いつも盛況なポップアップイベント「Eric Noodle Bar」。この日の出張店舗は、フレンチバル〈トレイントレイン〉で香港系焼きそばをメインに、お酒に合う5〜6種類の料理が振るまわれた。

このイベントは、日本在住25年のエリック・ルオンさんが、同志社大学をはじめ、いくつかの大学で非常勤講師、翻訳、通訳をしながら、2022年6月から始めたイベント。食を通じて在住の外国人と言葉や文化の違いを超えてコミュニケーションがとれる交流の場所になっている。食べること、飲み歩き、料理すること、人と人をつなげるパーティーが大好きなエリックさんは、数多くの飲食店に訪れるうちに、自分も提供する側をやってみたくなったとか。そこで不定期で友人のレストランを〝間借り〟するというスタイルで始めたそう。

何をメニューにするかは、いろいろ思案したという。「ホームパーティーとかで、これまでいろんな料理を作ってきましたが、結局は幼い頃から慣れ親しんできた中華料理に落ち着きました」というエリックさん。メニューはお母さんが作っていた〝懐かしい味〟がベースの定番の焼きそばのほか、創作焼きそば、タパスのような小皿料理を提供。日本の立ち飲み文化と中華を融合させ、料理を楽しみながら、初対面同士でもお互い打ち解けられるようにしている。

また、「一期一会」を大事にしているという。今では日本語が堪能なエリックさんだが、1999年にカナダのトロントから来日したときは、ほとんど話せなかったそうだ。その後、花園大学大学院を卒業後は、高い建物がなく、のんびりした雰囲気の京都が気に入り、腰を落ち着けることに。縁もゆかりもない日本で、大勢の友人ができ、多くの人たちと信頼関係が築けたのも「一期一会」を大切にしてきたから。

世界1200以上の都市で行われているコミュニティイベント「PechaKucha Night（ペチャクチャナイト）」を2010年に京都で創立し、運営チームのリーダーとして活動するなどさまざま分野でアクティブに活躍するエリックさん、これからも、さまざまな人が出会う「場」や「機会」をつくる、人と人との懸け橋という役目を担っていくのだろう。

Eric Luong
エリック ルオン

カナダ出身で1999年に来日。2010年から「ペチャクチャナイト京都」を共同で主催し以降運営チームのリーダーとして活動。大学での講師を務めながら、2022年からはDJ・フードイベント「In the mood」など飲食店を間借りしたイベントを開催している。

イベント情報

定期的に開催している「Eric Noodle Bar」についてはInstagram (@eric.noodlebar) をチェック。ぜひ一度足を運んでみて。

外国人と京都の味を楽しむ A-Z

A

アテ

主宰するイベント「Eric Noodle Bar」ではタパスのようにアテを小皿で提供。気軽に楽しんでもらえるために工夫している。

B

ボトルキープ

行きつけの〈つばめホール〉には、6年前からずっとウィスキー「I.W.Harper」をボトルキープしている。単品で注文するよりもトータルで安くなるよ。

C

Conversation（会話）

話の内容にこだわらず、conversation（会話）を楽しもう。思わず話が弾んだり、新しい発見につながるかもしれない。

D

〈Direct Coffee〉

コーヒーでちょっとひと休みしたいな〜と思った時、行きつけのカフェがあるととても良いよね。僕が訪れるのは〈Direct Coffee〉。

E

Enjoy（エンジョイ）

人生は一度きり。後悔しないように、勇気をもって思い切り人生をEnjoy（エンジョイ）しよう。「言うが易し 行うが難し」かもだけど。

F

Friend（友達）

人との出会いは、人生において宝物の一つ。おいしいごはんを食べながら、気兼ねなく話しができるFriend（友達）は貴重な存在。

G

グルメ

お酒と共においしい料理を食べることが大好き。これからも美食と美酒を求めて食べ歩きをするつもり。

H

House Music

音楽も大切で、DJをすることも。In the Moodというイベントではよく House Music を流している。心地よい音楽も“おいしい”を誘うよね？

I

Interest（興味・好奇心）

いくつなっても興味・好奇心を持つことは大事。新しいことに対してポジティブに向かっていく姿勢ってステキだと思う。

J

Japanese（日本人）

日本人は、“ハッピーな酔っぱらい”が多いと思う。欧米人が酔っぱらうと、よくケンカになるからね。

K

京都

2002年から住んでいる京都は、落ち着きがあり、ヨーロッパの都市の雰囲気と似ている。東京は住むには人が多すぎて苦手。

L

Language（言葉）

1999年に、カナダの大学を卒業してワーキングホリデーで来日したけど、初めは言葉が通じなくて、とても苦労した。

M

〈めし屋エビス〉

〈めし屋エビス〉さんにはお世話になっている。毎年「Eric Noodle Bar」の周年イベントはこちらで開かせていただいている。

N

日本美術

世界唯一の臨済禅を建学の精神とする花園大学の大学院で日本の美術史を専攻、2006年に修士課程を修了した。

O

教える

現在は、京都市内のいくつかの大学で、日本文化や英語の授業を担当している。学生と接して、教えるのはとても楽しいし世界も広がる。

P

「PechaKucha Night Kyoto（ペチャクチャナイト京都）」

何人かのプレゼンターがスライドを使って話題提供（自作や活動、考えてる事などの話）。一人20枚のスライドを20秒ずつ合計400秒（6分40秒）で行うルールがある。

Q

Quest（探求）

おいしい料理を作ることは、最高の喜び。食べた人に喜んでもらえるよう、これからも料理の探求をしていくつもり。

R

留学生

交流していた留学生が大学を卒業しても、そのつながりは途切れることはない。彼らの母国に行った時、再会することもある。

S

スタンド

不定期で開催するイベント「Eric Noodle Bar」では、気軽に立ち寄れるようにスタンドスペース（立ち飲み）を作るようにしている。

T

〈つばめホール〉

〈つばめホール〉で留学生と一緒に飲むことが多い。留学生にとって、この店は“日本のディープな雰囲気の店”なのだそう。

U

〈Urbanguild〉

10年以上前から〈Urbanguild〉さんでイベントを開催しています。音楽や芝居、舞踏と自由に発表ができて、おいしい料理も楽しめる場所。

V

Vegetable（野菜）

京野菜は、古くから宮廷料理や茶道のおもてなしに使用されていたらしい。そんな長い歴史と文化を持つ地域で暮らせることに幸せを感じる。

W

「ワインパーティー」

15年以上前から行っている「ワインパーティー」。毎回テーマを決め参加者がワイン1本を持ちこみ最後にベストワインを選出する。

X

Xmas（クリスマス）

2024年12月にクリスマスワインパーティーを開催。「大人のクリスマス」をテーマにおしゃれとワインを楽しんだ。

Y

焼きそば

主宰するイベント「Eric Noodle Bar」では、子どもの頃に食べておいしかった香港系焼きそばを思い出しながら作っている。

Z

ZEN（禅）

多くの外国人から評価されているZEN（禅）。自国の素晴らしい思想や文化に、きちんと目を向けたいね。

肩肘張らず、無理せず自然体で話せる関係に

大衆酒場つばめホール
Taishu sakaba Tsubame hall

さまざまな客層でにぎわう 20年以上愛される大衆酒場

百万遍交差点の近くにある大衆酒場。周辺には何校か大学があることから、学生や留学生、大学関係者も多いが、在住の外国人も足しげく通う。19時開店だが、お客さんのピークは22時以降から。翌3時まで開いているので、2軒目、3軒目とはしご酒の常連さんがよく立ち寄るとか。2001年の開店以来、さまざまな客層でにぎわい、20年以上ずっと親しまれている。使い込まれたカウンターにレトロなタイルが施された店内には日本酒や焼酎、泡盛、ウイスキー、ワインなどいろんなジャンルがそろう。飲むのが主役ながら、酒がすすむメニューも楽しめる。

衣はサクサク、中はホクホク、まさにポテチとフライドポテトが融合したコンソメポテト600円。コリコリ食感とさっぱり味が絶妙な有明くらげポン酢600円。外国人から人気のバイスサワー550円

「Eric Sensei」の札がかけられたボトルキープウィスキー「I.W.Harper」

20年以上前から、
バーをメインに通っています！

Store information

大衆酒場つばめホール
たいしゅうさかばつばめホール
075-724-5202
京都市左京区田中門前町32-2 百八ビル2Ｆ
https://www.instagram.com/explore/locations/257176557/

Direct Coffee
Direct Coffee

自家製スイーツも好評な スペシャルティコーヒーの専門店

JSA認定ソムリエ、JBC公認ジャッジとしても活躍するバリスタが開いたスペシャルティコーヒーの専門店。約6種類のシングルオリジンコーヒーやエスプレッソ系のほか、アイリッシュコーヒーなどスピリッツと合わせたコーヒーカクテルを嗜《たしな》めるのもこの店ならでは。紅茶やクラフトコーラなどコーヒー以外にも豊富に用意されている。旬のフルーツを使った洋菓子や焼き菓子など、定番に創意工夫を加えた自家製スイーツが10種類以上ありファンも多い。コーヒー専門店だが、それぞれの楽しみ方ができ、外国人も気軽に立ち寄れるオープンなお店だ。

イタリアの伝統菓子「モンテビアンコ」の雪山をデフォルメした季節限定のモンブラン、栗のアイスクリーム添え1050円。ノンシュガーの生クリームと2種類のメレンゲ、濃厚な栗のクリームが口の中で絶妙なバランスで重なり合う

いつもロングブラックを飲んでるけど、
魅惑的な味わいの
コーヒーカクテルもおすすめ。

Store information

Direct Coffee
ディレクトコーヒー
075-354-5101
京都市中京区八百屋町106-2
https://www.instagram.com/directcoffee_kyoto/

エスプレッソを少量のお湯で割り、また違う味わいを感じさせるロングブラックコーヒー670円

特集2 京都のおいしいハンドブック｜国境を超えて楽しめる京都の味

めし屋エビス
Meshiya Ebisu

店の前が有名な外資ホテルとあって、外国人が頻繁に訪れる居酒屋。高級料亭をはじめ、数々の名店で20年以上にわたり腕を磨いてきた店主の料理を目当てに通う客も多い。肌寒くなると登場するおでんも人気だが、京鴨肉や熊本直送の桜肉など新鮮素材を用いたメニューもおすすめ。さらに特筆すべきは約50種類そろう炭酸割の焼酎の数々。アップルやライチなど香り豊かでフルーティーな焼酎ハイボールは、これまでの焼酎のイメージを一変させる人も多いとか。海外からも熱い視線が注がれている国産ウイスキーも豊富で、欧米人がよく注文するそうだ。

腕利き料理人がふるまうウマい料理と香り豊かな焼酎ハイボールを存分に

圧縮鍋で30分炊き上げた豚なんこつ440円は肉もなんこつも舌上でとろけるほどやわらか。大根330円、近江八幡の名物の赤こんにゃく165円。甘くないラムネ風味のチルグリーンハイボール605円
（写真はメガ＋350円）

お茶を練り込んだ中華麺を使用した鶏そば880円。おでんのダシにせせりの旨みが合わさり和風ラーメンのような味に

〆はいつも鶏そばです。
鴨肉や鴨レバーハツ炒めもおいしいです！

Store information

めし屋エビス
めしやエビス
075-754-8285
京都市中京区下丸屋町401-5
https://www.instagram.com/meshiya.abs_sub

UrBANGUILD
UrBANGUILD

表現できる場を作ろう、と2006年にオープンした〈UrBANGUILD〉。オーナーとスタッフが一から作り上げた店は、壁にアート作品が描かれ、木材の風合いが伝わるおしゃれな空間。バンドや舞踊、ピアノ、演劇など多種多様なイベントがほぼ毎日行われる。提供される食事も開店からずっと変わらず好評で、レストランで修業した音楽好きの料理人が作るローマ風トリッパやインドネシア風焼鳥、特製カレーなど多国籍料理はどれもクオリティが高く堪能できる。噂を聞きつけた観客の中には外国人も多く、連日にぎわう。

イベントを見ながら料理が満喫できる多目的ライブスペース

香味野菜やフォンドボーと一緒に6時間から8時間かけてじっくり煮込んだ、牛ホホのやわらか赤ワイン煮込み 1600円。濃厚なソースにほろほろ崩れる牛肉が絡み、まさにプロの味。ニンニクやミルクなどを使ったコクのあるマッシュポテトを添えた一皿は店のスペシャルメニュー

ライブを見ながらおいしいご飯が食べられる店は、なかなかないよね！

Store information

UrBANGUILD
アバンギルド
075-212-1125
京都市中京区材木町181-2ニュー京都ビル3F
https://urbanguild.net/

照明や幾度となく塗り重ねられた壁や床など、雰囲気のある内装も魅力の一つ

【働くママ対談】
鈴鹿可奈子さん×SHOWKOさん
子連れでもハードルが下がるお店選びのポイントとは？

子どもに優しいお店

同じ京都生まれ京都育ち、三百年以上続く家業の家に生まれるなど、共通点の多い鈴鹿可奈子さんとSHOWKOさん。親同士が知り合いで、幼少期からお互いの存在を知っていたというお二人は、大人になってから意気投合！ 働きながら子育てに奮闘するママとして、今ではよき相談相手であり、同志のような存在なのだとか。京都に詳しいお二人に、子育てで大事にしていること、子連れでもハードルが下がるお店選びのポイントをお聞きしました！

Text Yuki Nishikawa / Photo Yuki Sato

SHOWKOさん

（陶芸家、文筆家）
京都市生まれ。京都で330年続く茶陶の窯元に生まれ、佐賀での陶芸修行の後、京都に戻り制作を開始。2009年、“読む器”というコンセプトで詩と器のブランド［SIONE（シオネ）］を立ち上げ、その後銀閣寺界隈に直営店をオープン。10歳と7歳の娘さんを育てながら「感性」をテーマにした事業を展開。これまでに3冊の本を出版。

鈴鹿可奈子さん

（聖護院八ッ橋総本店 代表取締役社長）
京都市生まれ。京都大学経済学部経済学科在学中に、カリフォルニア大学サンディエゴ校エクステンションにてPreMBA取得。卒業後、信用調査会社勤務を経て、2006年家業である聖護院八ッ橋総本店に入社し、2011年に新ブランド［nikiniki（ニキニキ）］を立ち上げる。現在は6歳になる娘さんを育てながら代表取締役社長を務める。

好きなものを見つける力を育みたい

——お二人が子育てをする上で大事にしていることを教えてください。

SHOWKO：子どもにとって親の仕事の終わりっていつだろうと考えた時に、一般的には成人や結婚する時と言うけれど、「これが自分の幸せ」っていうのを自分で選べるようになった時、信じて見守るフェーズに入ると思ったんです。親の顔色を見たり、親がよろこぶからというのではなく、普段から子どもたちが自分で選ぶことを大事にしています。小さい時から選んだ理由も聞くようにしていましたね。

鈴鹿：私もSHOWKOさんと同じで、選んだ理由を必ず聞いています。自分で考える習慣がついて、好きな物や「好き」という気持ちを発見しやすくなるのかなって。もう一つ、私は子どもに対して子ども扱いしすぎないようにしていますね。何かをしてくれたら子どもでもお礼を伝えて、一人の人間として扱う。子どもだからこれをして当たり前っていう風にはしないようにしています。逆に、子どもだから仕方ないという接し方もできる限り減らすようにしています。

——お二人とも大事にされていることがステキですね。普段はお子さんと外食はよくされますか？

鈴鹿：私は多いほうだと思います。夫婦ともに帰宅が遅いと、今日は外食にしようとなる日もあります。

SHOWKO：私は家で作って食べることが多いですね。人を家に招いてホームパーティーもよくしています。

——鈴鹿さんが外食を通してお子さんに伝えていきたいことは？

鈴鹿：味に関わる仕事をしているので、盛り付けやお皿をちゃんと目でも楽しんで、どんな食材が使われているかを話しながら食べるよう心がけています。私は器が好きなので、家でお菓子を食べる時も袋のままではなく、子どもが選んだお皿に移して出しています。我が家で［SIONE］さんの器が大活躍です。

SHOWKO：それはうれしいです！

——SHOWKOさんは普段お家で食べることが多いとおっしゃられていましたが、たまには外に食べに行かれることも？

SHOWKO：たまには行きますね。子どもと一緒でも大丈夫な雰囲気は大事にしているかな。店主さんが考えている雰囲気があると思うので、お店の方がフレンドリーに接してくれる場所を選ぶようにしています。

——お子さんが何歳くらいから外食はされていました？

SHOWKO：わりと小さい頃からいろんなお店に連れて行っていました。

鈴鹿さん：私もそうですね。SHOWKOさんが2人目のお嬢さんが生まれてすぐのときに、仕事でご一緒したことがあったんです。ベビーカーに寝かせて、撮影の合間に授乳したりしていました。私にとってロールモデルというか、妊娠して子どもが産まれるときに心の支えになったのがSHOWKOさんで、その姿を見ているからなんとかできるかなって。子育ての便利グッズも教えてもらったり。

SHOWKO：可奈子ちゃん家に遊びに行った時にお伝えしたグッズが置いてあってうれしかったな。

いざという時も安心なテラス席のあるお店

——今まで行かれた中で、子ども連れにおすすめのお店はありますか？

鈴鹿：寺町にある〈コロンボ〉さんというイタリアンのお店は子どもにフレンドリーで、離乳食が終わったくらいから今も通っています。キッズメニューもキッズチェアも、おむつ交換台も絵本もいっぱいあって、お店が子どもウェルカムな雰囲気を出してくださっているので行きやすいです。

　意外なところだと、京都御所の近くにある〈虎屋〉さん。観光客が多くて賑やかなのと、テラス席もあるので小さい子ども連れでも意外と入りやすいです。娘は和菓子も抹茶も好きで、ベビーカーの頃から行っていますね。お手洗いにおむつ交換台もあります。〈虎屋〉さんは子どもを一人前として扱ってくれるのもいいなって。暖かい季節だとテラス席で食べるのもいいし、お庭を歩いてもいい。ゆっくりしたい日は、置いてある美しい本を親子で眺めたり、いろいろな過ごし方ができます。

——〈虎屋〉さんは鈴鹿さんの経験ならではのお店ですね！

SHOWKO：私は岡崎エリアが家から近いので、公園で美術館巡りをして1日過ごした後、〈京都モダンテラス〉さんへ小さい時からよく行っています。テラスがあるので多少じっとしていなくても大丈夫です。出たらすぐに公園があるので、もうあかんってなったら公園に行ったらいいし。いざという時に対応できる場所というのがいいですね。トイレにおむつ交換台もあります。

鈴鹿：［SIONE］さんの近くのレストラン〈NOANOA〉さんも小さい時からよく行っています。〈NOANOA〉さんもテラス席があり、季節のお花を楽しめます。

——お店選びの時意識してこなかったのですが、テラス席があるお店を選ぶといざという時も安心ということですか？

鈴鹿：そうですね。中で騒がしくなると他のお客様にもお店にも迷惑になるので、テラス席があると多少騒いでもピリピリしなくていいですし。

——どのお店も子ども連れでも安心して行けそうです！　最後に、外食する時に持って行く物はありますか？

鈴鹿：私は常に娘のカバンに色鉛筆とスケッチブックは入れていますね。自分でできるものを一つ持って行くのはおすすめです。

SHOWKO：百均で売っているシール帳とか間違い探しもいいですよね。

鈴鹿：あと折り紙も。なんか私たち昭和ですね（笑）。自分たちが小さい時と変わっていない。

SHOWKO：確かに（笑）。私もスケッチブックを持って行くのですが、同席している人の顔を娘に描かせると、大人も子どももけっこう盛り上がるんです。

鈴鹿：それいいですね！

——自分が描いたことでみんながよろこんでくれるっていいですよね。

SHOWKO：子どもも一緒にみんなで食事の席を楽しむことが大事ですよね。

子どもに優しいお店

HOME
ホーム

お家みたいにくつろげる座敷で電車を見ながらごろりん

3児の母である店主の十河さんが大学生の頃に住んでいた借家を改装し、「大人と子どもの行きたい場所を一緒にしたい」とカフェを始めて10年。今では0歳から80歳まで、常連さんが毎日くつろぎに「こんにちは」とやってくる。座敷にはキッズスペースを併設し、ベビーチェアやおむつ交換スペースも。赤ちゃんを寝かせたり遊ばせたりしながら大人がゆっくりランチやお茶を楽しめるよう、角の丸い机を置くなど隅々まで配慮されているのがうれしい。店内やテラス席からは嵐電の往来を眺められるので、電車好きキッズにはたまらないロケーションだ。

HOME
ホーム
075-432-7537
京都市右京区谷口垣ノ内町11-1
11:00～17:00、水曜は8:30～14:00
日・月曜、祝日休
駐車場あり
Instagram @home2015f

優しいポイント！
- ☑おむつ交換台
- ☑ミルク用のお湯
- ☑キッズスペース
- ☑キッズメニュー
- ☑キッズカトラリー
- ☑ベビーチェア
- ☑座敷
- ☑テラス席

おにぎり、日替わりのおかず、果物、お味噌汁がセットになった「HOMEのお子様ランチ」780円。おにぎり単品やオムライスもあり

苺の焼き込みタルトとコーヒーのセット900円。ドリンクはキッズサイズが一部対応可能で半額になるサービスも

キッズスペースには絵本も充実。店内にはギフトに選びたくなる十河さんがセレクトした作家ものの雑貨が販売されている

KINDER CAFE
キンダーカフェ

長く読み聞かせたい絵本が親子を包み込む空間

平安神宮の近くにある〈絵本屋きんだあらんど〉が2023年5月に絵本をテーマにしたカフェを大徳寺のそばにオープン。美しい言葉との出合いに満ちあふれた絵本には、アフガニスタンで紛争・被災地域の支援事業に従事していたオーナーの平和を願う気持ちが込められている。店内にはまるで絵本の世界に出てくるような小さなお家のキッズスペースがあり、創造力が掻き立てられるあたたかな木のおもちゃが並ぶ。「家族でごはんを食べる時間を大事にしてほしい」と店長の中野さんお手製のオーガニックにこだわった料理とおやつは、あえて大人も子どもも同じメニューを提供する。

大人も同じメニューがある「タコライスmini」600円。他にはオムハヤシやガパオライス、おむすびなどのキッズメニューも

「キンダーパフェS」500円。チョコ解禁前の子どもにはジャムに変更も可能。国産小麦のマフィンや有機バナナスムージーも人気

季節や年中行事に合わせて絵本のセレクトが変わるのも魅力。絵本は購入も可能。店長セレクトのフェアトレードの雑貨も充実

KINDER CAFE
キンダーカフェ
075-366-8008
京都市北区紫野上築山町1
10:00～19:00
水・木曜休
駐車場なし
https://kindercafe.co.jp

優しいポイント！
- ☑おむつ交換台
- ☑ミルク用のお湯
- ☑キッズスペース
- ☑キッズメニュー
- ☑キッズカトラリー
- ☑キッズチェア
- ☑個室

cafe marble 智恵光院店
カフェマーブル ちえこういんてん

離乳食の無料提供あり！子ども大歓迎なおしゃれカフェ

京都を拠点に活動するデザイン事務所〈Marble.co〉が営むカフェ。1階はカウンター席とテーブル席になっており、ベビーカーのまま入店が可能。全面が窓になっている2階はテーブル席とソファ席があり、席の間隔がゆったりなのでつい長居したくなる。赤ちゃん連れに人気のソファ席の隣にはキッズスペースを完備。9ヶ月～2歳頃には手作りのかぼちゃのリゾットを、2～3歳頃にはミートドリアを無料で提供してくれる至れり尽くせりなサービスも。ママには自家製パイ生地と季節の野菜がたっぷり入ったアパレイユを焼きあげるキッシュがおすすめ。

cafe marble 智恵光院店

カフェマーブル ちえこういんてん
075-451-8777
京都市上京区笹屋町通智恵光院西入ル
笹屋町1-519 Marble BLDG.1-2F
11:30～20:00
月・火曜休
駐車場あり
Instagram @cafemarble_kyoto

優しいポイント！
- ☑おむつ交換台
- ☑ミルク用のお湯
- ☑キッズスペース
- ☑キッズメニュー
- ☑離乳食
- ☑キッズカトラリー
- ☑キッズチェア
- ☑ソファ席

おしゃれなテントと子ども用のテーブル・椅子が置かれたキッズスペース。窓の外は隣の公園が一望できる開放感

ミートソースのショートパスタがメインの「キッズプレート（ドリンク付き）」800円（右）と、人気ランチメニュー「キッシュプレート」1250円～（左）

子どもが楽しめるよう〈Marble.co〉オリジナルのくまのぬり絵と、小さい子どもが持ちやすいクレヨンを用意

いささんち

築百年の古民家で味わう 体に優しい麹料理

2024年6月、伊佐さん夫妻が自宅の農倉庫を改装したカフェをオープン。カウンター席の店内では、月替わりのランチプレートが味わえる。自家製のお米と野菜を中心に、料理担当の奥さんが作る麹を取り入れたおかずは子どもも安心の優しい味付け。持ち帰りのお弁当は子ども用と大人用があり、購入すると築100年の古民家の座敷が利用可能。おもちゃやぬり絵、絵本が用意されており、日本庭園を眺めながら心が落ち着くひとときが過ごせる。保育士の旦那さんが主催の月1回・日曜日に開催される「いささんちマルシェ」は、子ども向けのユニークなワークショップが充実。

新鮮な季節の野菜をたっぷり使った「月替わりランチプレート」1300円。手作りの「甘酒ヨーグルト」500円は子どもに大人気

授乳室とおむつ交換台を完備した店内。カウンターとベンチには、公園のすべり台などに使われる人研ぎという職人技が光る

ランチプレートと同じ内容のお弁当は大人900円、子ども700円。しょうゆ、塩、玉ねぎ、コンソメなど数種類の麹が使われている

いささんち

050-7107-0452
京都市左京区岩倉下在地町29
11:00～15:00
月・金・土・日曜休
駐車場なし
Instagram @isasanchi___

優しいポイント！
- ☑おむつ交換台
- ☑授乳スペース
- ☑ミルク用のお湯
- ☑キッズメニュー
- ☑キッズカトラリー
- ☑ベビーチェア
- ☑座敷

京都の食堂はおもしろい

盆地特有の底冷えで背中がまるまってしまう、京都の冬。自慢のダシを使った麺類・丼物をそろえる京都食堂で、肩の力をフッと抜いてはいかがでしょう。他都市では見られないメニューやアレンジ多数、独自の発展を遂げてきた京都食堂について、立命館大学の加藤先生にお話を伺いました。

Text Riho Tatehara / Photo Akihito Mori

〈竜安寺あいおい食堂〉の「しっぽく」。京都でしっぽくと言えば、かまぼこや椎茸、麩などが麺にのせられたものを言う。このしっぽくに「餡」がかかれば「のっぺい」となり、具材をみじん切りにされれば「木の葉」と呼ばれる

いつでも開いている食堂の奥深さ

――2023年秋に発行され、食べ歩き好きの心を掴んだ名著『京都食堂探究』。まずは加藤先生が食堂に興味を持ったきっかけを教えていただけますか。

私自身、お酒が好きなので最初は酒場を巡って『酒場の京都学』という本を書きました。その次に、同僚と一緒に料理に注目した『おいしい京都学』って本を書いたんです。そのうちに、普段使いの食堂に興味が及んでいったというのが流れとしてあるのですが、1番のきっかけはコロナ禍の影響。研究対象の沖縄に行けなくなり、飲食店でお酒が飲めなくなった。だけど京都食堂は開いていて、毎日のように通ううち奥深い場所だと気づいてハマっていったんです。

――京都食堂が街に増えたのは、いつの時代なのでしょうか。

京都に食堂が増えたのは昭和に入ってから、1920年代後半から30年前後にかけてではないかと思っています。「力餅」、「大力餅」「相生餅」といった、餅系と呼ばれる店舗がその中心です。ただ京都ってそば屋の影響も思いのほか大きいと思っていて。〈河道屋〉さん、〈尾張屋〉さん、にしんそばで有名な〈松葉〉さんといった歴史あるお蕎麦屋さんがいくつもあるでしょう。江戸のそば文化より先行して、京都の街にはそば屋があったと思いますから、僕の仮説としては、根付いていたそば文化みたいなものが食堂というスタイルに取り込まれ、拡大していったんじゃないかなと考察しています。

――「相生餅」や「力餅」など同じ名前の食堂が多いのは？

社会学者の奥井亜紗子氏の研究によると、餅系食堂の経営者は兵庫県但馬地方出身が多く、暖簾分けによって京阪神に店舗が広がっていったそうです。先に移住して商売で成功した人を頼って同郷の家族や親戚が移動する、チェーンマイグレーションです。聞いた話ですが、1980年代の京都の四

加藤 政洋
かとう まさひろ

1972年、長野県生まれ。立命館大学文学部教員。専門領域は、都市的な場や現象はどのようにして形成されるのかを主題にフィールドワークを重ねながら研究を進める、人文地理学。著書に『大阪—都市の記憶を掘り起こす』『酒場の京都学』、共著に『おいしい京都学—料理屋文化の歴史地理—』『京都食堂探求—「麺類・丼物」文化の美味なる世界』などがある。近現代日本の食文化・外食産業を探求する〈味覚地図〉同好会のメンバーとしても活動中。

条河原町には冬になるとうどんの屋台が出てたらしいんですよ。日本海側とか北の方から、農閑期に出稼ぎの人がきてたみたいで。つてをたどって多くの人が同じ場所に移動した歴史が、各ジャンルで見られるんですよね。

京都を飛び出し全国の食堂にも

――〈味覚地図〉研究会も京都だけでなく、各地にフィールドトリップしておられるそうですが。

最近だと松阪、和歌山、彦根、名古屋、岐阜などの食堂へ出向きました。麺一杯のために半日で1万円以上かかることもあるという（笑）。そこまでして続けるのは、全国どこに行っても食堂に外れはないからです。どこもおいしいしおもしろい。あちこちに行ってきましたが、やはり別格なのが京都です。特に、甘辛く炊いた椎茸やダシの旨さで京都に勝る場所はないですね。

――炊いた椎茸がのる、といえば「しっぽく」でしょうか。

「しっぽく」の上おき（麺の上におく具材のこと）には、茶色いかまぼこ、ピンク色のかまぼこ、湯葉や麩があり、真ん中にダシを含んだ立派な椎茸がちょこんとのせられています。このスタイルは京都の旧市街地で見られる独特のもので、大阪に近付くと少し変化します。門真や香里園あたりで「しっぽく」を頼むと、茶色、ピ

ンクに加えて、カステラかまぼこがのってくる。さらに大阪の中心にいくと今度は名前が「かやく」に変わりますし、関東では「五目」や「おかめ」と呼ばれます。長野で頼んだ「しっぽく」には、地鶏がドーンと4切れほどのっていて、京都から遥か遠くに来たもんだと感じました。

――ほかに京都食堂の特筆したい魅力をあげるとすると？

地方に出て改めて思うのは、京都食堂で提供される白いストレートの中華麺のおいしさでしょうか。もともとラーメン好きで濃厚系をずっと食べてきたけど、京都食堂の中華そばに出合ったらもう戻れない。食堂はもちろん、京都の製麺所の企業努力も素晴らしいんだと思います。

台替えで自分だけのお気に入りを

――中華麺を使った京都食堂メニュー、おすすめはなんでしょう。

天とじそばとかうどんがあるお店で、台替え（麺を変更）して中華そばにすることに、最近ハマっています。天ぷら中華って意外と全国的にいろんなところに分布していて、岐阜ではソウルフード扱いだったりします。京都ダシと中華麺、そこに天とじが合わさることで、間違いなくおいしい一杯になります。お酒を飲んだ後、最後の締めにおすすめです。

――台替えの注文、少しハードルが高い気がするのですが…。

とある京都食堂に行った時、明るい髪色の華やかな女性が入ってきて「カレーうどんのうどんを中華麺に変えて」とオーダーしているのを聞いて、かっこいいなぁとしみじみ思いました。食堂に通う人なら老若男女、日常的にされてますよ。

――できることならなんでも叶えてくれる、京都食堂は懐が深い。

台替えだけじゃなく、ご飯少し減らしてくださいとか、餡かけにしてもらえませんかとか。言えば、たいていのことはやってくださいます。京都食堂の方は本当にユーティリティが高いのでリクエストして大丈夫。自分のお気に入りの一杯を見つけてほしいと思います。

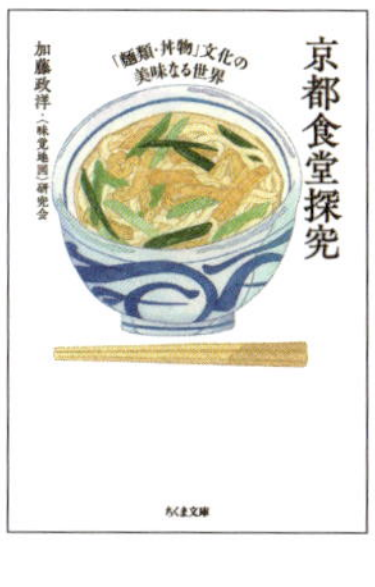

京都食堂探究
――「麺類・丼物」文化の美味なる世界
加藤政洋 著、〈味覚地図〉研究会 著
ちくま文庫

しっぽく、けいらん、のっぺい、木の葉丼など、独自の進化を遂げたお品書きが名を連ねる京都の食堂。一筋縄ではいかないからこそ味わい深い、そんな京都食堂の魅力を掘り起こし、〈味覚地図〉研究会の仲間たちと解き明かした一冊。

京都の食堂はおもしろい

三髙餅老舗
さんこうもちろうほ

旧制の第三高等学校（現在の京都大学）が店名の由来、という学生の街らしい大衆食堂。大正初期に、店主・山下さんの祖父母が餅屋として創業し、そこからお供え用の丸餅、おはぎや三色団子など和菓子を販売するかたわら食堂も始めたが、10年ほど前に食堂一筋にシフトチェンジ。カレーうどんの麺を中華麺にしたカレー中華、カツカレーうどんといった、利尻昆布やサバ節、イワシなどで取るダシがおいしさの土台を支える名物多数。冬になるとオーダーが増えるのが餡かけ系で、迷った時は美しいベールようなかき玉がかかったけいらんをぜひ。

ダシの土台は良質な利尻昆布　木の葉舞うかき玉餡かけ

カマボコ、甘く炊いた椎茸、九条ねぎ入りおだしを餡仕立てにして最後に卵をときいれた、けいらん木の葉うどん750円。すりおろした生姜を混ぜながら、ハフハフいただこう

けいらん木の葉うどんって、ありそうでほかにない。そんな進化系メニューが待っている、歴史も新しさもある食堂です。

Store information
三髙餅老舗
さんこうもちろうほ
075-781-4881
京都市左京区田中関田町1
URL なし

相生餅食堂
あいおいもちしょくどう

うどんもそばも入らない!?　やわらかな自家製餅が主役

北大路通りに面した〈相生餅食堂〉で修業した後、暖簾分けして1979年に創業。以来、竹中さん夫妻が二人三脚でお店を切り盛りしてきたアットホームな一軒。毎日ダシをひくことはもちろん、いなり寿司のおあげ、豆餅などの和菓子も全て手作りしている。さらにこの食堂を語る上ではずせないのが、餅入りうどんの充実っぷり。鳥餅、肉餅など餅＋α好きな具材が選べるほか、うどん抜きのあいおい鍋という変化球メニューの存在も、餅目当てが多いことを物語る。定休日に行う餅つきには、手伝い役として小学生の孫娘もやってきてくれるそう。

かしわ、カマボコ、椎茸、マロニー、豆腐など具沢山！ 冬期限定のあいおい鍋1000円は餅入りの寄せ鍋のこと。軽く焼いたうどんの餅と違って、そのまま煮込んだものが2個入っている

Store information
相生餅食堂
あいおいもちしょくどう
075-492-4833
京都市北区小山北大野町68-14
URL なし

餅がお手製ですので、とにかく餅系がおいしいです。入口近くに並んでいるいなり寿司やばら寿司もいい感じなんです。

Old school eateries in Kyoto

特集2　京都のおいしいハンドブック｜京都の食堂はおもしろい

やっこ
やっこ

自家製の中華麺でダシの やさしさ引き立つ名作

1930年の開店から近隣の働く街人の空腹を満たしてきた食堂は、今も平日11時30分〜19時の通し営業。「できることはなんでも！」の精神で、そばやうどん、中華麺を自家製し、常連のリクエストに応える。名物キーシマも、もとはまかないだったが、それを見た常連の「なに食べてるん？」がきっかけで出し始めたという。キーシマとは、黄色い中華麺を意味するキーと、かけそばを表すシマを合わせた造語。一口食べれば、中華麺のおかげでダシの甘みが引き立つ味わいに感激。あっという間に完食したら、「近いうちにまた食べたい」と感じるはず。

中華麺が澄んだうどんダシに浮かび、ネギが別に添えられている。シンプルイズベストという言葉がぴったりなキーシマ480円。ミニ丼がオーダーできるのはミニ衣笠丼500円のみ

初回はキーシマを食べていただき、次回は天かすをちらしたキーはから、カレー風味のキーカレーという選択肢もあります。

Store information
やっこ
やっこ
075-231-1522
京都市中京区夷川通室町東入ル冷泉町76
Instagram→yakko_1930

竜安寺 あいおい食堂
りょうあんじ あいおいしょくどう

竜安寺道で地元に愛される 古き良き食堂

嵐電「龍安寺駅」近くの商店街にある〈竜安寺 あいおい食堂〉は、1961年に開業してから、地元客に人気のあいおい系食堂。かつては隣に銭湯があり、その帰りに寄る客も多かったそうで、夜9時まで営業していたことも。学生のお腹がいっぱいになるようにとボリューム満点の定食も人気で、うな丼1200円や豚焼肉丼750円も。店頭のショーケースにはいなり寿司などテイクアウトのメニューも並ぶ。最近は訪日外国人観光客の来店も増え、近隣の大学生が作ったという多言語対応のオリジナルメニューが活躍しているのもあたたかい。

志っぽく650円には、ピンクのかまぼこに、冬季限定でのるのはゆず皮。3日かけて仕込むというしいたけの肉厚な旨みに、食感が楽しいエビせん、板麩にのり、青ねぎがこの店の具材

Store information
竜安寺 あいおい食堂
りょうあんじ あいおいしょくどう
京都市右京区谷口垣ノ内町1-6
075-462-8694
URL なし

しっぽくの美しさは随一ではないでしょうか。しっぽくと木の葉丼の謎を解いたのは、じつはこの店でのことでした。

おいしいものを知っている人が選ぶ

ひとひねり効いた手土産&おもたせ

食べるのが大好きな料理家の小平泰子さんならではの相手に気を使わせない手土産、おもたせをご紹介。

友人同士、お酒を持ち寄ってのパーティーに

ワインはきめ細やかな泡で口当たりがやわらかいシャトー・ド・ピオット ペルル・ド・ピオット ブラン4950円。期間限定の黒トリュフチーズケーキ(1個)1200円とブルーチーズケーキ（1個)540円。防腐剤や保存料不使用なのがうれしい、どんこ椎茸と生ハムのアヒージョ972円と牛すじの白味噌煮込み1080円

カケルコモジノア

080-2780-6520
京都市下京区五条通新町西入ル西錺屋町25
つくるビル1F
https://komojinoa.com/

カケルコモジノアの

ワインとブルーチーズケーキ&おつまみ

フランス産白ワインとシャンパーニュ専門のワインショップ〈カケルコモジノア〉。希望すればスタッフが集まりの趣旨やメンバーの好みなどに合わせて、おすすめの１本を一緒に選んでくれるので、持ち寄りパーティーで「できる！」と思わせる、おもたせを選ぶ時にもよく利用するのだとか。またワインに合うようにと吟味した素材で作るオリジナルのおつまみはパウチした後、真空加圧過熱殺菌しているので常温で持ち運べ、パーティーで食べきれなくてもそのまま保存できるのもうれしい。

小平泰子

料理家。京丹波町に工房〈五感食楽〉を構え、地元野菜で作るおばんざいを全国発送している。また東京、京都、京丹波町で料理教室も開催。

誕生日会など
スペシャルな日の
おもたせに

カステイラ 紙箱入り（12cm×22cm）2800円

越後家多齢堂

えちごやたれいどう
075-431-0289
京都市上京区今出川通千本東入ル
https://www.echigoya-kasutera.com/

越後家多齢堂の

カステイラ

江戸時代末期より西陣に店を構える、京都で唯一のカステイラ専門店。素材は卵、砂糖、小麦粉、水あめのみ。シンプルゆえ素材の味が引き立ち、一口ほおばれば口の中に卵の風味が広がるのが魅力。小平さん流の食べ方は長方形にカットするのではなく、「そのままドンッ！ とテーブルに出して、それぞれが食べたい分だけをカットしてほおばるのが、特別感があっていいんです。お食事会の最後に出してもらうと盛り上がりますよ」。

双鳩堂の

鳩餅

改まった手土産やおもたせではなく、ちょっと誰かの家へ訪ねる時に気のきいた品を渡したいと思うことはないだろうか。そんな時におすすめなのが明治13(1880)年創業、〈双鳩堂〉の鳩餅だ。今も昔と変わらず滋賀県産の米粉を蒸し、もちっ、プリッとした食感も人気の理由。「相手に気を使わせることなくさりげなく渡せますし、愛らしい見た目なので、どんな方にも喜んでいただけます」と小平さん。つい二つ三つと手が伸びてしまうおいしさだ。

双鳩堂

そうきゅうどう
075-781-5262
京都市左京区山端川端11
https://www.instagram.com/sokyudo/

ちょっと友人宅に
立ち寄る時の手土産に
鳩もち
鳩もち
鳩もち

鳩餅1個170円。昔ながらの素朴な味わい。白、ニッキ、抹茶の三種類

190の

フォアグラのマカロン

御所北にある一軒家のワインバー〈190〉。店で出しているフォアグラのマカロンが評判となり、お客さんからの要望でテイクアウトが可能に。カカオを加えたビター味のマカロンに挟まれているのは、まったりとしたフォアグラと甘酸っぱいフランボワーズ。そこにゲランの塩がアクセントとなり、赤ワインや泡など、どんなお酒とも好相性。「ワインを飲んでいる時の口直しや、ちょっと甘味が欲しい時にもいいですよ」と小平さん。

190

チェントノヴァンタ
075-354-6106
京都市上京区寺ノ内通室町西入ル納屋町190
https://www.instagram.com/centonovanta.190/

甘いのが苦手で、
お酒が好きな方への贈り物に

フォアグラのマカロン1個入り650円、5個入り3250円共に箱代+200円。冷凍で渡され、解凍して食べる。解凍時間は気候によるが、夏なら5分、秋冬は15分程で解凍完了

特集2　京都のおいしいハンドブック｜美味しいものを知っている人が選ぶ　ひとひねり効いた手土産＆おもたせ

餃子屋かずの

焼き飯

メニューは餃子、焼豚、焼きそばのほか数種類とシンプルだが、サクッと呑み、しっかり晩ごはんも受け入れてくれる一軒。中でも小平さんが手土産に利用しているのが焼き飯。「餃子屋さんなのですが、焼き飯もおいしいんです。すぐに食べられなかったら冷凍して、後日、レンジで温めてもおいしいので、渡した相手の負担にならないのもいいですよ」。具は卵、玉ネギ、かまぼこ。そこに自家製チャーシューから出た旨みが加わり、後をひくおいしさだ。

餃子屋かず

ぎょうざやかず
075-275-8156
京都市下京区高橋町605
https://www.instagram.com/gyoza_kazu_kyoto/

忙しくしている友人へ、
おいしいものを差し入れ

焼きめし820円。簡単なパックに入っているので、相手の負担にならないのもいい

マルミヤ亭の

むしぶた

昭和47（1972）年東九条で創業。安くておいしいと多くの人に愛されてきた、むし豚・豚足専門店だ。むし豚はバラと肩ロースの２種類。塩味が付いてるのでそのまま食べてもいいが、コチジャンベースの酢味噌、チョジャンを付けて食べるのもおすすめ。そして何より「コラーゲンたっぷりです」と小平さんが言うとおり、コリコリとした皮の食感もたまらない。スライスをパック詰めにしたものもあり、こちらは「友人宅でちょっと飲む時の手土産にいいですよ」。

マルミヤ亭 本店

マルミヤてい ほんてん
075-681-4920
京都市南区東九条北松ノ木町13-3
https://marumiyatei.theshop.jp/

マルミヤ亭 河原町三条店

マルミヤてい かわらまちさんじょうてん
075-746-5038
京都市中京区河原町通三条上ル下丸屋町401-6
中川ビル 1F
https://www.instagram.com/marumiyateik3/

実家の集まりなど、
大人数の食事会のおもたせに

むし豚は好きなグラムもしくは予算に合わせて真空パックにしてもらえる。 バラ100ｇ400円、ロース100ｇ380円。写真の真空パックは600ｇ。本店に電話注文をし、河原町三条店で受け取ることも可能

京都髙島屋
食料品バイヤーたちの

マイ定番の味大公開

教えてくれた人
京都髙島屋、
食料品バイヤーの
みなさん

日本中からおいしいものが集まる京都髙島屋の食料品フロア。そこで働くバイヤーさんのつい買ってしまう定番グルメ・おすすめグルメを教えてもらいました。バイヤー自身が「おいしい」の味覚を育む秘密を覗いてみよう。

〈小倉山荘〉をぐら山春秋。（9袋入／1080円） 頂き物でもらうと本当に嬉しくて、甘いものの他にしょっぱいものを挟みたい時についこれを食べます。1袋で8種類の味が楽しめるのも嬉しい。

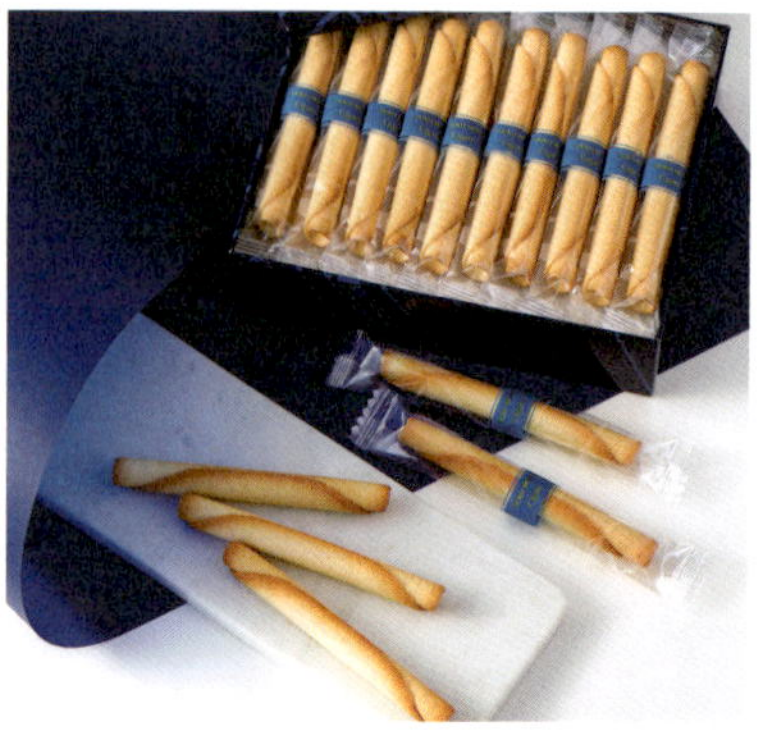

〈ヨックモック〉シガール。（10本入／864円） 日々、新しいものが登場する洋菓子ですが、定番はやっぱりヨックモックのシガール。自分でも食べたくなるし、人にあげても喜ばれると思います。

〈永楽屋〉琥珀 柚子。（6包12本入／1100円） 宝石の琥珀になぞらえた寒天菓子。透けた柚子の美しさや上品な甘さに、外側のしゃり感と中のなめらかな食感が絶妙。おもたせにも重宝しています。

〈仙太郎〉七穀おはぎ。（1個／238円） 黒米やあわ、きびなど雑穀が入ったもち米で粒あんを包んだおはぎ。プチプチとした食感が楽しくてさらに青じそがほのかに香り、さっぱりと食べられます。

〈京都鶴屋鶴寿庵〉京ちゃふれ。（1枚／195円） しっとりした生地の食感に抹茶チョコレートを挟んだお菓子で、上質な抹茶の濃厚さがやみつきになります。京都の土産にもおすすめです。

〈井傳〉合まぜ。（1パック／756円） 椎茸や千切りきゅうりなどを、甘めのごまベースでまとめた白和え。初めて食べた時は感動しました。派手さはありませんが、京都らしい繊細な味がたまりません。
※夏場は販売休止

〈雲母漬老舗穂野出〉雲母漬。（150g／861円） ひと口サイズの小茄子を白味噌で漬けた商品。少し甘めの白味噌のおいしさが引き立っていて、ごはんのお供はもちろん、お酒にもよく合います。

〈村上重本店〉胡瓜のしば漬（刻み）。（140g／540円） ご飯のお供はもちろん、焼いた鰤にはいつもこれを合わせています。特に照り焼きとの相性は最高！チーズと合わせておつまみとしても。

京都髙島屋S.C.（https://www.takashimaya.co.jp/kyoto/departmentstore/）
075-221-8811（代表）／京都市下京区四条通河原町西入真町52／午前10時〜午後8時　※2025年2月25日(火)は全館休業日

〈ペック〉フォカッチャ（ショルダーハムとトマト）。（1点／562円）　塩気と旨味を感じるモチモチとした生地のフォカッチャに、トマトとハムがサンドされていて、ついつい食べたくなるお気に入りのランチです。

〈グリルキャピタル東洋亭 DELI〉百年洋食ハンバーグ弁当。（1人前／1381円）　京都人ならみんな大好きな東洋亭のハンバーグ！家で食べたいときに食べられるので大満足です。

〈日本のさらだ いとはん〉アボカドと沖縄島豆腐の和さらだ 柚子胡椒風味。（100g／454円）　豆腐とアボカド、海藻の食感が絶妙でドレッシングの風味も良く、ヘルシーだけど満足感があります。

〈みその橋サカイ〉冷麺（焼豚入り）。（1人前／972円）　本店で食べてめちゃくちゃ感動したら、売場で見つけて嬉しかった商品。クセになるタレに焼豚と冷麺がセットになっていて手軽に楽しめます。

〈七味家本舗〉京名物一味唐がらし。（15g／756円）　辛すぎない上品な辛さで、さわやかな風味の一味唐辛子で、いつも我が家に常備しています。おうどんやお鍋を食べる時にかかせないアイテムです。

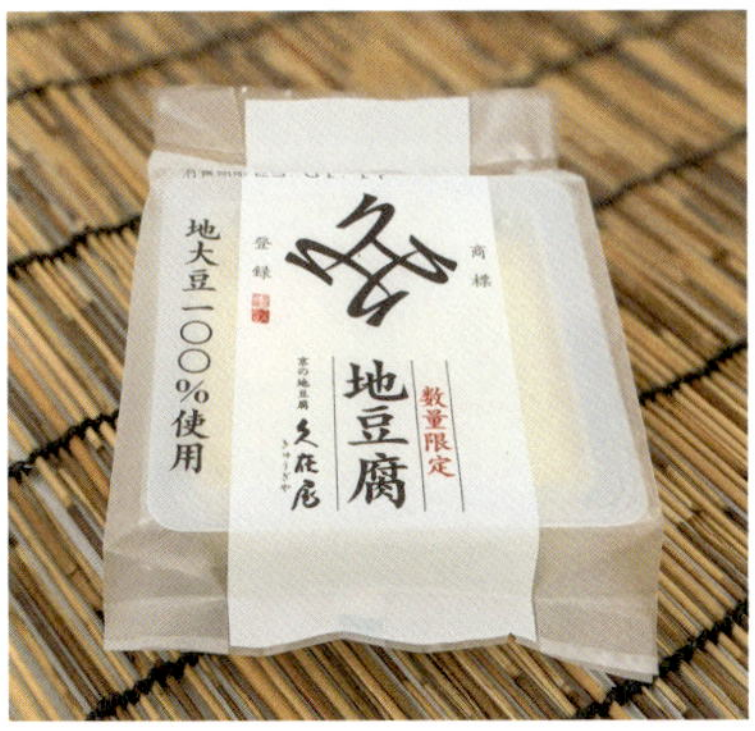

〈久在屋〉地大豆とうふ。（1丁／486円）月替りで地方に根付く在来種の大豆で作った豆腐が味わえます。各地方の大豆の味わいから違いや美味しさを確認するのも楽しくて、つい購入します。

〈ダルマイヤー〉パプリカリオナー。（55g／594円）　レッド・グリーンのピーマンが入った香り高いソーセージ。見た目も華やかで家での晩酌やホームパーティーの時には必ず購入しています。

〈鳥長〉味付きミンチ。（100g／300円）生姜や、こしょう、柚子皮、葱を混ぜ込んで味付けされているので、鶏のおいしさはもちろん、手軽においしく味わえるので鍋の具材として重宝しています。

〈まつおか〉国産牛すじのしぐれ煮串。（100g／864円）　やわらかい牛すじが甘辛ダレで煮込まれていて、お酒のおつまみにピッタリ。一味や卵黄と合わせて簡単に丼にしてもおいしい。
※土日祝のみの販売

このページに掲載している商品は2025年1月時点の情報です。　※価格は消費税を含む総額にて表示しております。

特別付録

京都の行事食カレンダー

お祭りや節句などハレの日に欠かせない文化に育まれてきた特別なご馳走たち

暦の中の年中行事や季節の変わり目に決まったご馳走を食べて、無病息災や家内安全など家族の幸せを願う「行事食」は、次世代に伝えていきたい食文化のひとつ。お正月にはお雑煮やおせち、こどもの日にはちまきや柏餅など、おきまりのものを食べて季節感を味わうことは厳しくも豊かな四季を持つ日本ならではの楽しみだ。

古くから都として栄えた京都では、平安時代の宮中の行事に由来する和菓子をはじめ、京都独特の文化が満載だ。また、海が遠い立地条件から、献上品として寄せられる海産物などをおいしく食べる料理法であったり、精進料理の精神から発展した穀物や豆を用いたご馳走であったりと、調理方法も工夫しながら発展させてきた。行事食には当時の人々の暮らしが垣間見える歴史背景が込められているのだ。

毎年当たり前に食べているご馳走が、他府県の人や違う家庭からみると驚きのメニューということも珍しくないはず。「うちの味はこれ！」「え、そんなん入れるん?」なんていうふうに、行事食カレンダーをきっかけに違いや共通点を見つけてみるのも楽しいかも。

行事食

京都に根付く季節の行事食を、月毎にメニューをピックアップしてご紹介。一年を通して「京都のおいしい」が楽しめるカレンダーをお届け。

2月

塩いわし

節分と言えば塩いわしと炒り豆。いわしの生臭さと焼くときの煙、炒った熱い豆が季節の変わり目に潜む邪気を追い払うと伝えられる。柊の枝にいわしの頭を刺した柊鰯《ひいらぎいわし》を鬼が入ってこないよう玄関先に飾る家も。

3月

はまぐりのお吸い物

ひし餅やばら寿司などいろいろなお祝い食があるひな祭り。代表的なはまぐりのお吸い物は、蛤《はまぐり》が二枚貝で、対になる貝殻以外ぴったりと合わないことから仲の良い夫婦の象徴とされ、子の将来の幸せを願い食される。

4月

甘茶

ユキノシタ科のアマチャやウリ科のアマチャヅルを煎じたお茶で、甘みとほろ苦さがありとろりとした飲みごこち。釈迦の生誕を祝う「花まつり」では各寺に花御堂がつくられ、誕生仏に甘茶をかける風習がある。

5月

ちまきと柏餅

ちまきは端午の節句と共に中国から伝来。江戸時代になると江戸では柏餅、京都ではちまきが伝承された。柏は家督が途絶えない縁起物とされ、初節句にちまきを、2年目から柏餅を食べる慣わしも当時の文献に残る。

6月

水無月

夏越のはらえの6月30日に食べる風習がある水無月は、菓子店やスーパーでも店頭に並ぶ馴染み深い和菓子。宮中で冬の間に氷室《ひむろ》で保存しておいた氷を口にして暑気を払う行事に由来。小豆は悪魔払い、三角の形は氷を表す。

7月

はも料理

7月1日から1ヵ月にわたり神事・行事が行われる祇園祭。別名「はも祭り」とも称されるのは、京都ではこの時季、ハレの日のおもてなし料理としてはもを振る舞う風習があったから。湯引きしたはもおとしや寿司が代表的。

（参考文献）「京の食文化」ハンドブック／京都をつなぐ無形文化遺産普及啓発実行委員会 発行

Text Yuka Kinoshita / Illust Yoko Kibamoto

2025

2

sun	mon	tue	wed	thu	fri	sat
						1
2 節分	3	4	5	6	7	8
9	10	11 建国記念日	12	13	14	15
16	17	18	19	20	21	22
23 天皇誕生日	24 振替休日	25	26	27	28	

3

sun	mon	tue	wed	thu	fri	sat
						1
2	3 ひな祭り	4	5	6	7	8
9	10	11	12	13	14	15
16	17	18	19	20 春分の日	21	22
23	24	25	26	27	28	29
30	31					

4

sun	mon	tue	wed	thu	fri	sat
		1	2	3	4	5
6	7	8 花まつり	9	10	11	12
13	14	15	16	17	18	19
20	21	22	23	24	25	26
27	28	29 昭和の日	30			

5

sun	mon	tue	wed	thu	fri	sat
				1	2	3 憲法記念日
4 みどりの日	5 こどもの日	6 振替休日	7	8	9	10
11	12	13	14	15	16	17
18	19	20	21	22	23	24
25	26	27	28	29	30	31

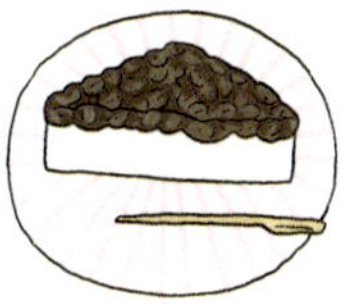

6

sun	mon	tue	wed	thu	fri	sat
1	2	3	4	5	6	7
8	9	10	11	12	13	14
15	16	17	18	19	20	21
22	23	24	25	26	27	28
29	30 夏越のはらえ					

7

sun	mon	tue	wed	thu	fri	sat
		1	2	3	4	5
6	7	8	9	10	11	12
13	14	15	16	17	18	19
20	21 海の日	22	23	24	25	26
27	28	29	30	31		

※2024年12月時点での情報です

キリトリ線

キリトリ線

8

sun	mon	tue	wed	thu	fri	sat
					1	2
3	4	5	6	7	8	9
10	11 山の日	12	13 ←	14 お盆	15	16 →
17	18	19	20	21	22	23
24	25	26	27	28	29	30
31						

9

sun	mon	tue	wed	thu	fri	sat
	1	2	3	4	5	6
7	8	9	10	11	12	13
14	15 敬老の日	16	17	18	19	20
21	22	23 秋分の日	24	25	26	27
28	29	30				

10

sun	mon	tue	wed	thu	fri	sat
			1	2	3	4
5	6	7	8	9	10	11
12	13 スポーツの日	14	15	16	17	18
19	20	21	22 鞍馬の火祭り	23	24	25
26	27	28	29	30	31	

11

sun	mon	tue	wed	thu	fri	sat
						1
2 亥の日	3 文化の日	4	5	6	7	8
9	10	11	12	13	14	15
16	17	18	19	20	21	22
23 勤労感謝の日	24 振替休日	25	26	27	28	29
30						

12

sun	mon	tue	wed	thu	fri	sat
	1	2	3	4	5	6
7	8	9	10	11	12	13
14	15	16	17	18	19	20
21	22 冬至	23	24	25	26	27
28	29	30	31			

2026 1

sun	mon	tue	wed	thu	fri	sat
				1 元日	2	3
4	5	6	7	8	9	10
11	12 成人の日	13	14	15	16	17
18	19	20	21	22	23	24
25	26	27	28	29	30	31

※2024年12月時点での情報です

特集2　京都のおいしいハンドブック｜京都の行事食カレンダー

10月

鯖寿司

時代祭をはじめ鞍馬の火祭などたくさんのお祭りが各地で見られる秋の京都。古くからハレの日のご馳走として鯖寿司が家庭で作られ、親戚や縁者に配る風習が残っている。特に秋の鯖は脂がのってご馳走感アップ！

9月

おはぎ

お彼岸に食べる蒸したもち米を粗くつき、粒餡（つぶあん）で包むお餅。その季節の花になぞらえ、春は牡丹からぼた餅、秋は萩からおはぎと呼ばれる。おはぎを食べると空模様に秋の気配が深まり、ひとつ季節が進んでいくよう。

8月

ずいきのなます

お盆期間中は殺生をせずに心身を清めるという精進料理の考えから、野菜、山菜、穀類といった粗食を精霊にお供えし、集まった家族で食す。ずいきのなますは里芋の葉柄を酢漬けした見た目も美しい一品。

1月

お雑煮

丸餅で白味噌仕立て。縁起物の具には全て意味が込められ、頭芋には立身出世、小芋は子孫繁栄、大根は大地に根をはるように。また、具が全て丸い形なのは円満を表し、金時人参や葉野菜が入るなど家庭ならではの違いも。

12月

かぼちゃの炊いたん

冬至に「ん」のつく食べ物を食べると幸運が得られるという言い伝えがあり、冬至で7種のなんきん・にんじん・れんこんなど2つ「ん」がつくものは食べると病気にかからず、運・鈍・根に通じるので出世すると言われる。

11月

亥の子餅

平安時代の宮中で行われた亥の子の形をした餅を献上する儀式から伝わる。猪の多産にあやかり、亥の月の初めの亥の日、亥の刻に新米でついた亥の子餅を食べ、無病と子孫繁栄を祈る。宮中から民間に伝わり今も風習に。

おきまり料理

右下から時計回りに、小豆ごはん、あらめと油揚げの炊いたん、なます、おからの炊いたん。あらめと油揚げの炊いたんは、末広がりの日に食べるとよい芽がでるように、病人がでないようにの意味が。

家族の幸せを願って繋いでいきたい食生活に節目を付ける毎月のお決まり料理

京都では毎月決まった日に食べる「お決まり料理」という習慣も。1日に食べられるのは小豆ごはん、にしんと昆布の煮付け、なます。小豆ごはんには家中がまめに暮らせるように、にしんと昆布の煮付けににしんの渋みと昆布から「渋う・こぶう（＝倹約して）暮らしましょう」という意味が込められている。8が付く日はあらめと油揚げの炊いたんを、15日には小豆ごはん、なますに加え棒鱈とえび芋の煮しめを、月末には包丁要らずで別名「きらず」とも呼ばれるおからがラインナップ。縁が切れないように、お金が入るようにと縁起物として節目に食べられている。

おやつ時間に人気の「むらさきのシフォン」(400円)。太白胡麻油を使ってしっとりと焼き上げられている。フレーバーはプレーンのほか、ゆずや抹茶など全部で6種類

ここでしか味わえない
ご当地シフォン!

紫野の名物ともいえる大徳寺納豆入りのシフォンケーキ。大徳寺納豆の甘じょっぱさがいいアクセントになっている

地域に新しい居場所をつくる フラットエージェンシーの “おいしい” 取り組み

北大路通堀川の交差点から西へ徒歩約3分のところにある「TAMARIBA(たまりば)」は、地域に開かれたコミュニティスペース。体にやさしいメニューを提供するカフェ、さまざまなワークショップやイベントが行われる多目的スペース、ヘアサロン、そして住まいの相談室で構成されている。

このスペースを運営しているのは、不動産会社フラットエージェンシー。「当社は約50年前の創業時から地域に貢献できる会社、必要とされる会社でありたいと考えてきました。近年、地域に求められているのは“すべての人々にとっての居場所”。TAMARIBAの運営はそんな居場所をつくるための取り組みのひとつです」。やさしい笑顔で会長の吉田光一さんが話してくれた。「TAMARIBA」が誕生したのは2013年。それから、およそ10年を経た2023年6月にリニューアル。パワーアップした「TAMARIBA」を訪れてみよう。

みんなで一緒に食事をしよう！
多様な世代が集う「地域食堂」が好評

〈TAMARIBA（たまりば）〉に足を踏み入れると、明るく温もりが感じられる木目調の空間が広がる。左手にはいつでも健康的な食事が楽しめる〈カフェふらっと+ベジ〉のカウンター。馴染みの小さな農家から届けられる米や野菜を使った「ふらっとプレート」のほか、軽食やスイーツが提供される。店内にはパーティションで区切られたスペースがあり、占いなどの小さなイベントが開催されていたり、地域の人がコーヒーと共におしゃべりに花を咲かせたり…。

カフェの奥にある多目的スペース「たまりばホール」では、体操や英会話、歌声喫茶、美肌アドバイスなど、日替わりでさまざまなイベントが行われており、地域の人が集う。

今、好評なのは、子ども食堂ならぬ「地域食堂」。リニューアル後すぐに始めた取り組みで、誰でも自由に参加できる。大人は低価格で、子どもは無料。運営にも地域の人がボランティアで関わり、また食材の多くが寄付。バルーンアートなどの楽しみを提供してくれるパフォーマーまで自然に集まるという。多様な年代が集うその場所は、いわば地域のミニチュア版。地域食堂で一緒になった人々と道端で出会い、あいさつやちょっとした会話が広がるようになったなどのうれしい声も。地域の人の新しい居場所として着実に馴染んでいる。

カフェスペースの一角でミニイベントが行われていることも。マヤ歴占いには恋愛相談が多いのだとか

カフェふらっと+ベジ

京都市北区紫野西御所田町16-2
075-431-5105
8：30〜16：00（LO 15：30）
日曜・祝日休、不定休あり
https://tamariba-kyoto.com

地域食堂の様子。いつもバタバタなママ・パパもこの日はゆっくり子どもたちと一緒に食事を。地域の人との何げない会話がとても楽しいという声が多い。開催は毎月第4金曜

フラットエージェンシーは、まちをつくるクリエイティブな不動産屋です

1974年、京都で創業したフラットエージェンシー。不動産の賃貸、売買にとどまらず、京町家の未来を見据えた活動や若手アーティストの支援、就労支援、保育園の運営など、地域づくり、まちづくりにも精力的に取り組んでいる。https://flat-a.co.jp

副産物を訪ねてアートを考える

アーティスト 嶋春香さんの制作現場から

副産物産店が今回訪ねたのは、アーティストの嶋春香さん。嶋さんは京都市京セラ美術館で展覧会を行うなど、今注目の作家の一人です。現在次作に向けてスタジオの作品整理を行なっているということで、副産物を求めて嶋さんが制作を行うスタジオ「punto」にお邪魔しました。

Text／Photo Tsuyoshi Yamada

Puntoのスタジオメンバーと嶋さん（右端）。嶋さんの制作過程から出る“副産物”をみんなで物色する小さな循環の様子

副産物産店（ふくさんぶっさんてん）は、作家のものづくりの現場から出るゴミや失敗作などを“副産物”として集め、それらを再評価し、新たな視点で作品に昇華させるアーティストユニットです。私たちの活動は、アートの制作過程における「余白」や「無駄」とされる部分にこそ、深い価値があると考えています。廃材や余った素材が、どのように新しい形を得て、または作品として生まれ変わるのかを探求しています。副産物産店の活動は、アートと社会、そして私たちの生活とのつながりを再考するきっかけを提供します。

どんな副産物があるの？

嶋春香さんのスタジオ「punto」を訪ねるとそこにはすでに、スタジオのメンバーが集まって嶋さんの〝副産物〟を物色中。小さな循環がすでにそこにありました。昔作った木製パネルや今は使わない木枠や額縁、実験作品やキャンバスの切れ端など制作過程で生まれたさまざまな副産物が散らばっています。嶋さんにとってこれらの副産物は、単なる廃材ではなく、想いのこもったものでもあります。「本当は残しておいても良いのですが、次の作品を作るためにもう良いかなというものは処分しようかと」と嶋さんは語ります。

どんな作品を作っているの？

嶋春香さんの作品は、写真や日常の風景を起点に、絵画やインスタレーションとして展開されています。特に印象的なのは、彼女が「庭」と呼ぶ模型空間の中に素材を配置し、それを絵画作品へと昇華させるプロセスです。この「庭」は、過去と現在、未来をつ

作品のモチーフのために購入した流木

制作現場から出たゴミの豊かな循環

個展「仮縫いと野良仕事」インスタレーションビュー（京都市京セラ美術館 ザ・トライアングル,2024年）

嶋春香（しまはるか）は、北海道生まれのアーティスト。京都造形芸術大学美術工芸学科洋画コースを卒業後、京都市立芸術大学大学院美術研究科修士課程絵画専攻油画を修了。彼女の作品は、写真や日常の風景を基にした絵画やインスタレーションであり、特に「庭」と呼ばれる模型空間に素材を配置することで時間や記憶を表現しています。2024年には、京都市京セラ美術館で個展「仮縫いと野良仕事」を開催し、注目を集めています。日常の中で拾い集めた素材や、制作過程で生まれる副産物を活用し、作品を生み出し続けています。

など時間の流れを象徴しています。模型空間には、嶋さんが蒐集しているものや、育てている植物、さらには日常で見つけた布切れや紙片などが配置されています。２０２４年に開催された京都市京セラ美術館での個展「仮縫いと野良仕事」では、こうしたテーマが具体的に表現され、展示空間全体がひとつの「庭」として展開されました。作品を鑑賞することで、観客は日常の中に潜む美しさや、時間の流れの中で変化する素材の価値を再発見することができます。

これからどんな作品を作っていきたい？

嶋春香さんのこれからの作品について話を聞くと、「庭」のシリーズがいま自分の中でしっくりきていると語ってくれました。しばらくはこのシリーズを描き続け、新しい箱庭を作り、コンセプトをさらに深め、もっとたくさん描きたいという想いを持っているそうです。「登場する素材に愛着があるので、それが新しい箱庭の中で、どういうふうに絵画に登場してくるのか。そういったものに興味があります。そのもの一個を愛でるというのも良いですが、空間があることでさまざまな感じ方ができるということに興味があるので、そういう楽しみかたを今後していきたいな」と嶋さんは話します。

彼女は、拾い集めたり蒐集したり、日常の中で見つけたささやかな素材たちが、箱庭という空間の中で新たな物語を紡ぐことに関心を寄せています。それらがどのように組み込まれ、どんな絵画表現を生み出すのか、彼女の今後の展開がとても楽しみです。

副産物産店からのコメント

「家族ができて、育児をするようになって、それまでやっていた作品制作がしっくりきていないなと思った時に、自分を振り返るような制作について考え、学生時代に取り組んでいた箱庭に戻ってきた。それが今の自分には必要なのかもしれない」と嶋さんは語ってくれました。副産物産店と嶋さんとの関係は10年ほどになります。これまで、彼女が参加した展覧会や制作現場を通じて、素材に対する視点や作品に込める想いを共有してきましたが、今回改めて彼女の制作現場を訪れることで、現在の作品の背景にある深い思索と真摯な姿勢を感じることができました。

これからも嶋さんがどのように作品を生み出していくのか、その展開に注目していきたいと思います。（副産物産店 山田）

YASUDA SANGYO GROUP

安田産業グループは次世代のアート支援にも積極的に取り組みます

安田産業グループは、積極的なCSR活動の一貫として、多様な個性が生かされる社会を目指す地域社会への貢献のために、若いアーティスト支援を目的に誌面を展開していきます。

嶋さんのスタジオ内制作スペース

Ogaki Selection

京都の布、使う愉しみ

革新的な布づくりをする須藤玲子のまなざし

京都が育んできた布の文化を生活に取り入れるのに、
風呂敷ほど手軽なものはないだろう。
ギフト、お弁当、本や書類。結び方次第で何でも包み込み、
バッグとしても使えて、広げればショールにも膝掛けにもなる万能の布。
KYOTOZINEオリジナルの風呂敷プロジェクトが、ここに始まる。

Text　Satoko Suzuki／Photo　Le Mieux

真ん中がむす美のアートディレクターの山田悦子さん。むす美の広報も務めている

本誌アートディレクターである庄司竜郎のデザイン案

profile

須藤玲子

すどう・れいこ／1953年茨城県生まれ。株式会社布代表・テキスタイルデザイナー。東京造形大学名誉教授。日本の伝統的な染織技術から現代の最先端技術を駆使し、新しい布づくりをおこなう。国内外での展示も多数開催している

日本人のDNAに組み込まれているのか、風呂敷を手にすると、何かを包みたくなる。たとえ毎日使わないにしても、手元に置いておきたくなる。京都三条の風呂敷専門店〈むす美〉の店内には常時約500種の風呂敷が展示され、デザインの豊富さに思わず手が伸びる。

「KYOTOZINEオリジナルの風呂敷が作れたら、読者とのつながりも深くなるのでは?」。須藤の提案に〈むす美〉の皆さんも関心を寄せてくれ、年も押し迫った12月某日、店舗の一角がプロジェクト打合せの場所となった。本誌アートディレクターの庄司竜郎が、本誌のロゴを元にデザインしたものから、打合せに向けて須藤が6案に絞った。ロゴを思いきり拡大したもの、唐織りのようにあしらったもの、ドットのように細かなもの。配色はブルーを基調に、藍、スカンジナヴィアンブルー、中間色同士であるターコイズブルーとベージュを合わせたものの3パターンを用意した。

「ものすごくいいですね! 広げた時と包んだ時に変化が生まれる、風呂敷のおもしろさが凝縮されています。色使いで印象がガラリと変わるのも楽しいです」。〈むす美〉のアートディレクターである山田悦子さんが目をキラキラしながらそうコメントしてくれ、まずは一同ひと安心だ。

須藤は風呂敷使いにも長けており、絹、木綿、麻といった素材ごとの特性も生かして、食器や大切な調度品、衣服などを風呂敷に包んで保管している。当然、広げてテーブルクロスにも。ある時旅先でスーツケース内の

旅行でも服などパッキングにも使え、不要になれば折り畳めてコンパクトにもなる

ワインなどのおもたせにも風呂敷で包まれると一気に華やかになる

〈むす美〉店内の様子。カラフルな風呂敷が壁一面にディスプレイされ鮮やか。広げてタペストリーやテーブルクロスに。ギフトラッピングや、結び方次第でバッグにも。一枚の布が包むものによってさまざまに変化するのが風呂敷のよいところ

風呂敷テクニックを見た友人がひどく感嘆。イギリスで風呂敷の展覧会が開催された折には、NUNOのテキスタイルの展示に加えて、その友人の依頼で須藤による風呂敷ワークショップも催されたほど。

それを聞いた山田さん、「そこまで使いこなしていただけて、本当にうれしいです。風呂敷はどう扱っても静かなのも美点の一つ。そして使えば使うほど発見があります」。どう扱っても静か。なるほどその通りで、紙袋やビニール袋のようにカサカサと音がたつことなく、しなやかに、しっかりと包める。風呂敷について知っていることは、ほんのわずかなのかもしれない。

今回の打合せで、6種のデザイン案から、まずは1種を試作してみましょうということに。本誌の大垣編集長も加わり選んだのが、スカンジナヴィアンブルーの大胆なデザイン。100cm角で試作してみることとなった。これをもとに、本誌1周年となる今年の秋の完成を目指して、サイズや素材、デザインなどについて検証を重ねていく。次号ではその経過もお見せする予定。誌面を飛び出してのものづくり。京都の布の魅力を読者の皆さんにダイレクトに届けられるのが、今から楽しみで仕方がない。

むす美 京都店
むすび きょうとてん
075-212-7222
京都市中京区三条通堺町東入ル桝屋町67
www.kyoto-musubi.com

サンプルの表情。KYOTOZINEのロゴの見え方や、実際に包まれた様子を確認。ここからアップデートを重ねていく予定

その他の KYOTOZINE × NUNO の商品は、下記の大垣書店やオンラインストアにて購入できます。

大垣書店 京都本店
075-746-2211
京都市下京区四条通室町東入函谷鉾町78 SUINA室町1F
https://www.books-ogaki.co.jp/stores/kyoto-honten

大垣書店 麻布台ヒルズ店
03-5570-1700
東京都港区麻布台1-3-1 麻布台ヒルズ タワープラザ4F
https://x.gd/d2V7K

大垣書店 堀川新文化ビルヂング店
075-431-5551
京都市上京区皀莢町287
https://www.books-ogaki.co.jp/stores/horikawa-bld

KYOTOZINE ONLINE STORE　https://kyotozine.stores.jp

Ogaki Selection

600年の歴史を持つ能を現代で学ぶ楽しみとは？

混迷する現代を生きるための学びの場として、世界遺産・清水寺が2025年春に開学する「清水寺学峯」。この開学記念講座の第2回が2月23日、能シテ方金剛流若宗家 金剛龍謹師を講師に開催されます。これに先駆けて学峯長 森清顕師と金剛師が今なぜ能なのか？現代を生きる私たちが学びたい「能の文化的魅力」について対談を行いました。

対談が行われたのは金剛流の本拠地「金剛能楽堂」（京都市上京区）。舞台正面に奈良・春日大社の神が降臨する「影向の松」を描くことから、能は神仏に向かって演じる芸能と言われる。

Text　Noriko Yamaguchi ／ Photo　Tadashi Yasuda

「清水寺学峯」学峯長
清水寺執事・教学部長

森清顕《もりせいげん》

京都清水生まれ。立正大大学院修了、博士（文学）。現在、京都市社会教育委員会副議長、上智大非常勤講師、立命館大学歴史都市防災研究所客員研究員等ほか、講演、執筆等を通し観音信仰や仏教を広めるために活動。出演するラジオ番組でJFN賞2019地域賞を受賞。

シテ方金剛流能楽師

金剛龍謹《こんごうたつのり》

1988年、金剛流二十六世宗家金剛永謹の長男として京都に誕生。父と祖父の二世金剛巌に師事し、京都を中心に国内外の多くの公演に出演してきた。2012年より自身の演能会「龍門之會」主宰。京都市立芸術大学非常勤講師。京都市芸術新人賞、京都府文化賞奨励賞 受賞。重要無形文化財総合認定保持者。

日本の美や精神性が凝縮された能。その豊かさを体験を通じて伝えたい。

お二人が最初に語り合ったのは、清水寺学峯で今回「能」をテーマに取り上げた理由と、そこに込めた深い思いでした。金剛龍謹師によれば、能は8世紀に伝来した芸能に起源を持ち、室町時代に大成された歌舞劇。「謡《うたい》(歌・セリフ)」と「囃子(演奏)」に合わせて演じられ、多くの演目で演者が能面をつけるのも特長。また、登場人物は人間だけでなく神や鬼、幽霊など多岐に及ぶそうです。

森師は「六百年にわたり能が続いてきたのは、日本人の心や美意識が凝縮されたタイムカプセルのような存在だからではないでしょうか」と語ります。能が描く物語には和歌や古典文学の要素はもちろん、生きる喜びや苦しみなど、現代を生きる私たちと共通する普遍的な「人間の情や業」が描かれていると森師。そんな能が持つ魅力と可能性をあらためて「シテ方五流の中で唯一京都に宗家があり、独自の文化を受け継いでこられた金剛流の若宗家と共にひらいていきたい」と考えたのだそうです。

とはいえ、古語も用いられる能が若い世代に「むずかしそう」と敬遠される理由も分かる(笑)という二人。龍謹師は能の世界を知るヒントとして、室町後期の能楽師 金春禅鳳が好んだ「月も雲間のなきは嫌にて候」という言葉を挙げてくださいました。

森師によれば、清水寺本堂の舞台では古来、さまざまな芸能が奉納されてきたという。「今回は拝観終了後の静謐な舞台で謡体験を行います。ぜひお楽しみに」。

今回は座学に加え、清水寺本堂で能を披露くださる金剛龍謹師「能の起源は神仏に五穀豊穣・国家安穏を願って舞う芸能でした。心を込めて大切に舞わせていただきたいと思います」と語る。

「これは「夜空で煌々と輝く月よりも、雲の間に見え隠れする方が面白い」という茶人 村田珠光の言葉を禅鳳が引用したもの。すべてが見えないからこそ「心の眼」で月を思い描くことができ、そこに月を愛でる豊かさがあるのです。「不足の美」ともいえる日本文化や能の美学の象徴といえるでしょう」(龍謹師)

龍謹師によれば、能の舞や演出はミニマムで抽象的で表現が多いため、「鑑賞者自身が能動的に想像力を膨らませて初めて、鮮やかな情景が目の前に立ち現れてくる」と言います。とかく分かりやすさ、効率を追求する現代のエンタメとは異なりますが、だからこそじっくりと物語を味わう愉しみがあるといえるのです。

2月の講座では座学に加え、龍謹師による能(仕舞)も披露されます。会場はかの有名な「清水の舞台」。森師によればここは、清水寺のご本尊で「大きな慈悲」の象徴である観音さまに芸能を奉納する聖域とのこと。

「清水寺は8世紀の創建以来、現世での救いを求める庶民に開かれた巡礼の地でした。緑深い東山の山中、眼前に広がる絶景は観音さまが住まう浄土(楽園)そのもの。千年の祈りが息づく場での鑑賞は、他者を思う気持ちなど私たちに多くの気づきを与えてくれることでしょう」

なお、能には清水寺が登場する演目が多数あり、当日は受講者全員で一シーンを謡ってみる試みも。たとえば『熊野《ゆや》』では、清水寺の花見に出かける道中が「四条五条の橋の上。老若男女貴賤都鄙。色めく花衣。袖を連ねて行末の。雲かと見えて八重一重。さく九重の花ざかり……」と綴られますが、和歌と同じ七五調のため、実際に声に出すことで、連なる言葉や西洋音楽とは異なる音階の美しさがぐんと際立つのだとか。「ぜひ声で演じる能の魅力も体感してほしい」と龍謹師は語ります。

「能は鬼や精霊などこの世にいないものが登場する作品も多く、独特の謡や囃子の音色は非日常へと誘う装置なのかもしれません」と森師。「私は常々、能と仏教哲学は似ていると感じています。私たちは「死とは何か?」が分からない。あの世や他者を探る手段が芸術や宗教であり、共通点も多いと思うのです。皆さんと能との出会いも日本文化の奥深さにふれ、心を耕すきっかけになることを願っています」

写真提供:金剛能楽堂

金剛龍謹師が演じる能『猩々乱《しょうじょうみだれ》』より。金剛流の芸風は「舞金剛」と称され、豪快さと華麗さを併せ持つ躍動的な舞を大きな特徴とする。

奉納能楽鑑賞席及び大随求菩薩坐像特別拝観のご案内

清水寺学峯開学記念講義に際して、本堂舞台にて金剛流若宗家 金剛龍謹師が仕舞を奉納されます。今回、本誌読者を対象に奉納能楽鑑賞と御開帳中の大随求菩薩坐像特別拝観への参加者を募集いたします。閉門後の夜間特別拝観にてごゆっくりとご参拝ください。料金や詳細は右記のQRコードでご確認ください。

※プログラムの内容は変更の可能性があります。

日　時:2025年2月23日(日)17:00~20:00
会　場:清水寺 円通殿及び本堂
講　師:金剛龍謹氏(シテ方金剛流能楽師)
内　容:講義「能楽の歴史」、仕舞鑑賞、謡体験
問い合わせ先:info@kiyomizudera-gakuho.com(清水寺学峯 事務局)

申し込み受付
締切
2025年2月17日(月)

KYOTOZINE 年間購読のご案内

おトクな価格で最新号をお届けします。

※KYOTOZINEは年間4回刊行予定です。（2025年4月末、7月末、10月末、2026年1月末予定）

ご購読料金

通常価格（4冊分） 7,920円（税込） → 10%OFF → 特別価格（4冊分） 7,128円（税込） 送料無料

お申し込み方法

下記のお申し込み方法をお選びいただけます。

〔 1. 郵送 〕

左ページのはがきを切り取り、
切手を貼付いただき郵送にてお申し込みください。
請求書払いと代金引換をお選びいただけます。

〔 2. オンラインストア 〕

お近くに大垣書店がない方でも安心です。
オンラインストア内にあるフォームよりお申し込みください。

KYOTOZINE
オンラインストア

KYOTOZINE 主要取り扱い店

京　都	大垣書店 佛教大学店	075-491-2141
	大垣書店 亀岡店	0771-23-8038
	大垣書店 イオンモール北大路店	075-491-5500
	大垣書店 髙島屋店	075-223-0726
	大垣書店 醍醐店	075-575-2520
	大垣書店 伏見店	075-924-3717
	大垣書店 京都ファミリー店	075-326-6660
	大垣書店 烏丸三条店	075-212-5050
	大垣書店 イオンモール京都五条店	075-326-8710
	大垣書店 二条駅店 ※2025年夏まで改装中	075-813-2208
	大垣書店 イオンモール KYOTO店	075-692-3331
	大垣書店 京都ヨドバシ店	075-371-1700
	大垣書店 高野店	075-706-6678
	大垣書店 ブックパル五条店	075-381-0232
	大垣書店 イオンモール京都桂川店	075-925-1717
	大垣書店 Kotochika 御池店	075-708-8655
	大垣書店 ブックパル桂南店	075-392-1230
	大垣書店 佛教大学二条キャンパス店	075-468-1548
	大垣書店 京都本店	075-746-2211
	大垣書店 京都ポルタ店	075-741-7722
	大垣書店 イオン洛南店	075-671-5161
	大垣書店 堀川新文化ビルヂング店	075-431-5551
	大垣書店 ブックパル山科店	075-593-8864
滋　賀	大垣書店 フォレオ大津一里山店	077-547-1020
大　阪	大垣書店 高槻店	072-684-8700
	大垣書店 豊中緑丘店	06-6855-7576
	大垣書店 イオンモール堺鉄砲町店	072-247-8610
兵　庫	大垣書店 神戸ハーバーランド umie店	078-382-7112
	大垣書店 プリコ神戸店	078-599-7457
広　島	大垣書店 ジ アウトレット広島店	082-208-3680
静　岡	大垣書店 イオンモール富士宮店	0544-25-5794
東　京	大垣書店 麻布台ヒルズ店	03-5570-1700
	ブックスタマ小作店	042-555-3904
	ブックスタマ東大和店	042-567-7470
埼玉	ブックスタマ所沢店	04-2998-5830
北海道	大垣書店 マルヤマクラス店	011-622-7285
	大垣書店 東光ストア円山店	011-688-9008
	大垣書店 東光ストア行啓通店	011-522-8397

店頭でのご注文も賜りますのでお声掛けください。
売り切れの場合はご容赦ください。

最新の取り扱い店はこちら

全国の書店、販売店様へ
『KYOTOZINE』取り扱い希望の方はこちら　kyotozine@books-ogaki.co.jp

郵便はがき

85円切手を
お貼りください

〒603-8148

京都府京都市北区小山西花池町１-１
サンシャインビル５階

株式会社 大垣書店
KYOTOZINE 編集部 行

郵便はがき

85円切手を
お貼りください

〒603-8148

京都府京都市北区小山西花池町１-１
サンシャインビル５階

株式会社 大垣書店
KYOTOZINE 編集部 行

のりしろ

KYOTOZINE 年間購読 申込用紙

お支払い方法

当てはまる番号に○をお付けください。

1. 請求書払い　※お申し込み後に請求書をお送りします。
※振込手数料はお客様負担となります。

2. 代金引換　※初回配送時に現金にてお支払いください。
※手数料はお客様負担となります。

ふりがな
お名前

ご住所　〒

電話番号

メールアドレス

※上記とは別のご住所にお送りする場合はご記入ください。

ふりがな
お名前

ご住所　〒

電話番号

メールアドレス

年間購読をお申込みいただいた理由を教えてください。

《個人情報の取扱いについて》
本項目をご確認いただき、ご同意のうえお送りください。ご記入いただいた個人情報は厳重に管理し、弊社からの事務連絡や弊社サービスに関するお知らせで使用させていただきます。法令に基づく場合を除き、ご本人の同意を得ることなく他に利用または提供することはありません。個人情報の開示・訂正・削除については、株式会社大垣書店コンテンツ事業部（075-468-1411）までお問い合わせください。

のりしろ

のりしろ

切りとり

たにおり

折り返し面

※この面を内側に折り込こみ、
のりづけしてお送りください。

切りとり

photo Yoshiki Okamoto

のりしろ

KYOTOZINE 読者アンケート

1 本誌を購入されたきっかけを教えてください。

2 今号の誌面で特に面白かった記事のタイトルを教えてください。

3 今号の誌面で面白くなかった・興味のない記事のタイトルを教えてください。

4 『KYOTOZINE』をどちらで購入されましたか？当てはまる番号に○をお付けください。

1. 書店　2. インターネット　3. その他（　　　　　　　　）

5 今号へのご意見、ご感想をご記入ください。

6 今後、KYOTOZINEにて取り上げてほしい特集がありましたらご記入ください。

ご協力いただきありがとうございます。

ふりがな
お名前

ご住所　〒

電話番号

メールアドレス

年　齢	1.10代以下　2.20代　3.30代　4.40代　5.50代　6.60代　7.70代　8.80代　9.その他		
性　別	1.男　2.女　3.その他	未既婚	1.未婚・独身　2.既婚　3.その他
ご職業	1.学生　2.パートアルバイト　3.会社員　4.公務員　5.教職員 6.会社経営　7.自営業　8.専業主婦（主夫）　9.その他（　　　　　　）		

《個人情報の取扱いについて》
本項目をご確認いただき、ご同意のうえお送りください。ご記入いただいた個人情報は厳重に管理し、弊社からの事務連絡や弊社サービスに関するお知らせで使用させていただきます。法令に基づく場合を除き、ご本人の同意を得ることなく他に利用または提供することはありません。個人情報の開示・訂正・削除については、株式会社大垣書店コンテンツ事業部（075-468-1411）までお問い合わせください。

のりしろ

切りとり

たにおり

折り返し面

※この面を内側に折り込こみ、
のりづけしてお送りください。

切りとり

photo Akira Okimoto

Column

Vol.2〈春〉 明日を生きるための京都

初めての花見で出会った妖しい夜桜に魅了されて

桜がよく咲いている街だ、というのが京都の第一印象だった。

本数で言えば、ここより多く咲く場所は他にもたくさんあるだろう。だけど、こんなにも人を包み込むように、魅了するように桜が咲くのは、京都ならではのように思う。

18歳で広島を出て、大学進学と同時に京都で一人暮らしを始めた頃、私はまずこの地の桜に心を奪われた。今でもその光景を覚えているほどに。

初めて借りた小さな部屋。顔見知りが一人もいない大学のキャンパス。

まっさらな状態で始まった京都での新生活は、不安はあれど期待の方が強かった。

next

profile

土門 蘭

京都在住19年、広島生まれ。小説・短歌などの文芸作品やインタビュー記事など多岐にわたり執筆を行う。著書は、歌画集『100年後あなたもわたしもいない日に』、エッセイ『死ぬまで生きる日記』、インタビュー集『経営者の孤独。』、小説『戦争と五人の女』など。

今思えばまだまだ未熟な子どもだが、これから自分で生活を作っていくんだという、新鮮な喜びとやる気に満ちていた。

入学式が終わると、夥しい数のサークルの勧誘に見舞われる。ドラマや漫画で見たことはあったけれど、本当にこんなに新歓コンパの誘いがあるんだと知って驚いた。手元にはわんさかチラシがあふれ、これまでにない数の人に話しかけられ、なかなか教室へ進めないほどだった。

あるサークルのブースの前を通ったとき、「今日の夜、お花見行かへん?」と声をかけられた。思わず目を合わせると、2、3回生とおぼしき男子学生が「円山公園でお花見するしおいでや」と言う。

だけど、円山公園がどこかわからない。そう返すと先輩が「じゃあみんなで一緒に行こ!」と言った。ふと横を見ると、同じように誘われた1回生の女の子が気まずそうに笑っていた。

その日、初めて夜の京都を歩いた。ここが木屋町、ここが先斗町、ここが祇園。そう教えてくれた先輩も、よそから来たのだと言っていた。至るところに桜が美しく咲いていて、そのたびに目を奪われた。出会ったばかりの1回生の子たちとともに「さすが京都だね」と浮かれた。

八坂神社を抜けた先に、円山公園はあった。たくさんの桜が咲き誇る下で、大勢の花見客が宴会をしている。早くから席取りをしてくれていたらしい先輩たちが「こっちこっち」と手を振っていて、ブルーシートに座るとおつまみや飲み物を振舞われた。4月の夜はまだ寒くて体が冷えたけれど、おもしろくて大人っぽい先輩たちの話を聞くのは楽しかった。

ふと、お手洗いに行きたくなった。場所を尋ねると、「私も行くから」と一人の先輩が連れて行ってくれた。人混みを縫って歩いていくと、途中で信じられないくらい大きな枝垂れ桜に出くわした。煌々とライトアップされて、闇の中で大きく発光している。

あまりの凄さに思わず立ち止まると、先輩が「おばけ桜や」と笑った。本当に、桜のおばけが両手を大きく広げて誘っているようだった。

そのとき、強い風が吹いておばけ桜から花びらが何枚も舞い散った。私は咄嗟にそのうちの一枚を両手で捉え、先輩が見ていない隙に口に入れた。

自分でも、なぜそんなことをしたのかわからない。ただ、眺めるだけでは気持ちが追いつかないほど美しく、思わずそうしてしまった。まるで幼な児がきれいなビー玉をつい口に入れてしまうように、私は桜の花びらを飲みくだす。自分の中で花びらが発光するような気がして、そっとお腹をなでた。

今調べてみると、あの枝垂れ桜には「おばけ桜」という通称は特についていないらしい。もしかしたら先輩が勝手につけた名前なのかもしれない。先輩の顔も、なんのサークルだったのかも、今となれば思い出せないのだが、「おばけ桜や」という言葉とあの花びらの冷たく湿った感触はずっと覚えている。

ただあの夜以来、一度も円山公園に花見に行っていない。また気持ちが乱されるような気がして怖いのだ。自分の中で記憶が誇張されているだけかもしれないが、それを確かめに行く勇気がどうも出ない。

京都の桜には、どこかそういった妖しさがある。夜に眺めていると、うっかり呑み込まれてしまうような。だから春が来て桜が咲き始めると、いつもちょっと落ち着かない。

今号の絵について

畏怖の念を起こさせる京都の桜の力強さや、春の到来を喜ぶ私たちを見守ってくれているようなやさしさを表現しました。黒猫もうきうきしています。

Artist

蛯子睦月

京都市生まれ。京都市立銅駝美術工芸高等学校(当時)から、京都市立芸術大学美術学部へ。共に日本画を専攻し卒業。京都市内を中心に作品を発表。現在は大阪市阿倍野区・文の里商店街内にあるgallery &singにて常設展示中

@24m_here

Essay

灯台下暗しな京都人に告ぐ　編集者目線の京都

**京都は歴史があり奥深いまちゆえ、気付いていないことが無数にあるはず。
知っているようで、意外と知らない京都のことを、
書店に置かれる書籍や雑誌などを編集する方々から学ぶ。**

profile

今野正悦　こんのまさえ

2000年生まれ。高校卒業までの8年間を台湾・台北市で過ごす。2024年4月、講談社に入社。同年6月から現代新書を扱う学芸第一出版部に配属。昨年秋に刊行された布施祐仁氏著『従属の代償　日米軍事一体化の真実』を担当。作家・上橋菜穂子先生の大ファン。

左）布施祐仁『従属の代償　日米軍事一体化の真実』は今野氏が編集を担当。
中）京都出身の鷲田清一氏による著書『じぶん・この不思議な存在』。
右）『空海の哲学』の著者である竹村牧男氏は新刊『はじめての大乗仏教』も刊行予定。

「知」を万人に開かれたものに。そんな願いとともに2024年に創刊60周年を迎えた講談社現代新書は、政治・社会・ビジネスから哲学・思想・芸術まで、今後も幅広い作品を皆様にお届けしていきます。WEBメディア『現代ビジネス』にて、新刊・既刊の試し読みもぜひ。

https://gendai.media/gendai-shinsho

２０２４年、11月17日、時刻は6時半。私は夕餉を求めて、祇園のまちを彷徨っていた。どう見ても空いている席を目前に「空いていません」の一言。ピシャリと聞こえてきそうな声音に身を震わせること、本日3回目。突然降り出した雨に濡れそぼった身体には、些か堪えるものがある。物心ついてからの京都来訪はこれで2度目であったはずだが、こうも手厳しいまちだったろうか。やっとの思いで口にしたエビチリの美味しさも、すっかりひねくれた私の心には響かず。それが、京都旅行1日目の夜。

２日目は書店関係者様との懇親の日、詳しい方に各所をご案内いただいた。そして早くも3日目の昼、おそるおそる、まちへ出て、おそるおそる、鮨店へ入った。錦市場近く、青い暖簾が目印の〈さか井〉である。

扉を開けた瞬間、困り顔の女将と目が合った。壁の〈cash only〉の文字列と、それを真剣な顔で見つめる観光客と思しき女性とを見比べて、状況を察する。道案内を翻訳すると、女性は御礼と共に笑顔でＡＴＭへ駆け出していった。不思議な空気が漂う中、おずおずと席に座って、おすすめはなんですか、と尋ねる。

「秋だからね、さばがいいよ、さば。夏に来たお客さんは、とっても残念そうにしとった」

「じゃあ、さばと、盛り合わせと、赤だしをお願いします」

注文を聞いて黙々と鮨を握る大将を気にかけながら、女将が話しはじめる。まちの変わりようの話。投資の話。旅の話。つられて私も、自分の話をする。仕事の話。育った場所の話。気づけば帰ってきていた女性が、自分はイギリスの大学で先生をしているのだと教えてくれた。隣で話を聞いていた恋人が、自分も院に進んで研究をするのだと言うと、親不孝やねえ、と一蹴する女将。あまりに直截な一言と、上品でのんびりした口調とのギャップに、ふたりで思わず吹き出してしまった。お隣のふたり連れはハワイから、そのまたお隣のおじさまは埼玉から。文字通り鮨詰めになりながら、艶やかな鯖鮨の、部位毎に異なる滋味を楽しむ。赤だしも香り高い。握り鮨の想像以上の旨さに、お品書きにあった赤貝もお願いしてしまう。

都市に出稼ぎに来てそのまま住み着いた者のつては……　それを護るために、ときに内に閉じてしまうこともあるネットワークである。ネットワークに入れるまでは「一見さんお断り」の風習である。けれども仲間の紹介があれば、一見さんでも深く受け容れる風習である。（『京都の平熱　哲学者の都市案内』鷲田清一著、講談社学術文庫、２０１３年、７頁）

私は誤解していた。京都というまちは、そこに根づく人々の関係性に、食い込み、食い込まれる覚悟はあるかと、ただそれを問うているだけなのだ。「よそ者」であることに寄りかかって、まちの表層だけを消費しようとする人間にはとことん冷たいこのまちは、覚悟をもって「仲間」になろうとする者を、熱く迎え入れてくれる。私は私の浅ましさを見透かされたのである。

再訪せねば、訪れたことにはならぬ。あたたかくも生臭い、人々の血筋が脈打つところにある「ほんまもんの京都」。いつかその一部になりたいと思わせる魔力が、このまちにはあった。

Interview

絵本作家　荒井良二

ふみふみするかわいいねこたち、どんな夢見てる？

Photo Hideya Katsura

profile
日本を代表する絵本作家の一人。日本人初のアストリッド・リンドグレーン記念文学賞など、国内外で数々の絵本賞を受賞。さまざまなアート活動やワークショップ、音楽まで創作活動は多岐に渡る。2023年から「newborn 荒井良二いつもしらないところへ たびするきぶんだった」展を全国で開催中。

『ねこのゆめ』
1760円
出版社：NHK 出版
想像することの楽しさや未来に続いていく希望を描いた「ねこ」の絵本。
下）荒井氏が好きなイタリアの詩人の言葉を美しい絵で彩った新刊。

『空はみんなのもの』
文：ジャンニ・ロダーリ
訳：関口英子
出版社：ほるぷ出版

数々の絵本で子どもたちを魅了し、長年のファン層を誇る大人も多い。展覧会で子どもたちとのワークショップを終えた荒井良二氏に絵本づくりへの想いを聞くー

子どもの頃から、ずっと好きで絵を描いてきました。絵を描くことが中心にあって、その大きな領域の中の一つに音楽、そして絵本もある。『ねこのゆめ』は、僕とねことの付き合い方が絵本にできるんじゃないかと思ったのが最初です。現在は飼っていませんが、僕が生まれた時は実家にねこがいて、学生の時もゴミ捨て場で拾ったことがあり、付かず離れずの距離感でねこと付き合った経験があるんです。ねこって、絵本だけでなく小説や漫画などでもいろんな表現で描かれますが、僕の絵本では、あえて擬人化やキャラクター化はしませんでした。街を自由に動き回る野良ねこだったり、外に出られない家ねこだったり、いろんなねこたちのオムニバス絵本なんです。

タイトルにある「ゆめ」は、ふみふみ＝夢見ここち。ねこの仕草を色々と思い浮かべながら気づいたのですが、ふみふみってお乳を探す仕草って言われてますね。でもそれは何かを夢見ているんじゃないかと思ったことがあって。ねこ界の祖先のような、会ったこともないお母さんを夢見てるんじゃないかって。長い歴史を持った生き物なので、それを考えていくと絵本に近づくものができるかなというのが一つの発想でした。僕の絵本づくりは『ねこのゆめ』に限らず「これ、どうやって絵本にするの？」っていうような自分の気になることをきっかけとして、絵本に近づけるように一歩一歩進めていくので、プロセスは毎回変えています。もちろん材料はこちらが提供しますが、編集者や印刷する人、デザイナーたちと一つの着地点に向かって、みんなで意見を出し合いながら出来上がったもの。だから、絵本はチームでつくる楽しみもあります。

春・夏・秋・冬 MUSIC

音楽から人生のインスピレーションを得てきた、
藤原和也氏がセレクトする四季折々の音楽を紹介。
今回は自身がお好きな「春」をテーマに3タイトルをセレクト。
自身が、毎年京都らしいエリアを花見マラソンしながら聴くという音は
時代が変わっても新しい音ばかり。春のイメージが変わるかも!?

ALBUM『World Of Echo／ワールド・オブ・エコー』

**自信がなかった自分の背中を押してくれた、
複雑性に豊かさを感じる“サイケな春霞曲”**

まるで春霞のようなおぼろげで儚いアルバム。レフトフィールドを縦横無尽に駆け回った彼の作品は、ゴルディアスの結び目のような内面を一刀両断にするのではなく、その複雑性そのままに表現をしたからこそ豊潤で美しいのではなかろうか。アルバムを聴いた20代中頃の自信のなかった僕は、「認められなくても自分の感性や価値観を大切にしろよ」と、彼のメッセージを受け取り（誤読なのかもしれない）今もそれを大切に生きている。

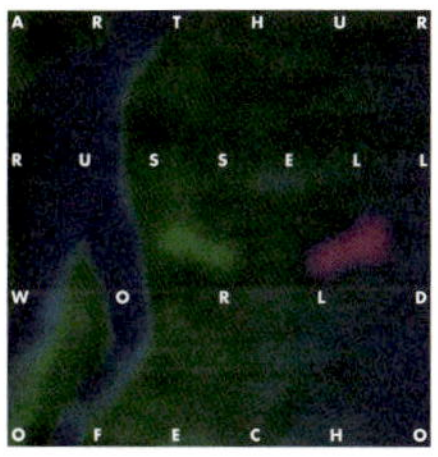

・P-VINE CD／PCD-24376 全18曲
・2014/12/17　2640円
孤高のチェロ奏者・故アーサー・ラッセルの初ソロアルバムにして最高傑作。オリジナルアルバムの14曲に未発表曲を追加収録した、紙ジャケット仕様のリイシューシリーズ。

ALBUM『Future Days／フューチャー・デイズ』

**音楽的知識も技術もスキルが凄いバンド<CAN>。
繰り返し音が心地よい“おぼろげな春ロック”**

「空気よりも軽い唯一の音楽」と評したJOJO広重の言葉は、言い得て妙だと思う。浮遊感があり、ぐるぐる螺旋を描くように昇っていくようなドイツのCANの1973年の作品。木々が揺れるような音や心地のよい開放感もあり、なんか新緑の時期のイメージ。晩春かな？シュトックハウゼンのもとで現代音楽を学んだメンバーが結成したバンドだが、その情報がブッ飛ぶぐらい、新しく僕はたしかに桃源郷のような未来の日々を見たような気がした。

・P-VINE（Traffic/Mute）CD TRCP-268 全4曲
・2023/02/01　2640円
ジャーマンロックの大御所、カン黄金期の最高傑作を再発。2トラックレコーダーで録音、20分超えの「Bel Air」など、一貫した独特の美意識がある。

ALBUM『Anniversary／アニバーサリー』から「THE IDOL」

**初めて聴いたジャム・バンド。<SPECIAL OTHERS>の
アウトドアでハマる“軽やかな春音”**

スペアザの2006年メジャーデビュー作品のリテイク。この曲のオリジナルが発売されたとき僕は27歳で、ブラブラしていた京都の実家生活を卒業し、埼玉で未経験の飲食業にはじめて就職した時期だ。いつ聴いても気持ちの良い曲だけど、桜を見ながらランニングしたりビール飲んだりして聴きたい。彼らはそれから15年キャリアを積み重ねこのリテイクを出したのだけれど、あれから自分は彼らのように積み重ねてこられただろうか…。

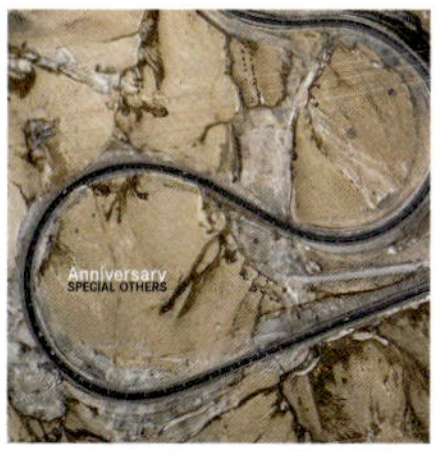

・Victor Entertainment CD VICL-65655 全11曲
・2022/06/08　3300円
スペシャル・アザーズの15周年イヤーのアルバム。2006年デビュー時のタイトル曲「IDOL」をリテイクした「THE IDOL」を収録し話題に。

**【納豆×音楽】
新作納豆× SINGLE『NABEZOKO』**

京都の納豆メーカー藤原食品が提案する食と音楽を繋ぐ企画「never never Record」。曲名と同じ新作納豆のNABEZOKOを食べ終わった箱の底から現れた【二次元バーコード(QR)】を読み取ると、アーティスト KENT VALLEY feat. Hon DAQ によるSINGLE曲が聴ける！

WEB SHOP

nnrecord.stores.jp

profile

藤原 和也

大正期創業の藤原食品4代目。2024年度も全国納豆鑑評会入賞。各種京納豆はスーパーや書店でも買える。「空気みたいな存在」と音楽を愛し、多ジャンルのアーティストの人生を知り聴いて、自身の生き方や仕事に影響を受けているという。

ナミキキヨタカの
シッタカブリアンの午睡

美術館・ギャラリーなどを訪ね、ブログを紡ぐナミキキヨタカさんから繋がるアート案内。

まなざしのモメント

共感覚, について改めて考える.
しかしながら僕にはその実感は遠い
というか, ほぼ, 備わってはいない.
光島さん"独自の"共感覚は
言語と色彩の往来である.
10歳時に失明した光島さんにとって
点字は記憶に残る造形だろう.
それは説明できるものでもなく
こうして作品化されることで
僕たちに新鮮な光島さんの
パーソナルスペースを知る機会を
いただくわけである.
同時に触覚を駆使しながら
まさに直感的な成り立ちによって
全盲であるからこその象形が現れる.
トークで興味深かったのが
もうひとかたの全盲の大谷さん.
制作にまつわるエピソードは
誰の手も借りないというスタンスが
側から見れば無謀極まりなく
人体の型のトレースに伴う熱すら
痛感として作家である大谷さんに
マーキングされているのではないか
とさえ思う.
常々, あくまで情報伝達手段である
半球体ドットである点字に
内包されていたポテンシャルを
(単にミニマルなといった意味でなく)
石原さん(あるいは鳥尾佳佑さん)の
作品からも知りつつ
言葉の豊かさと対峙するかのような
記号的配置に目から鱗が落ちる.

光島貴之

大谷重司

ロビン・オウィングス

石原友明

かつふじたまこ

アトリエみつしま Sawa-Tadori
あとりえみつしま さわ-たどり

075-406-7093
京都市北区紫野下門前町44
https://mtsm.jimdofree.com/

※常設展示はおこなっておりません。
※開館時間は、展覧会やイベントの開催時間により変動します。

もっと読んでみたい！なら▶ http://den393.blog81.fc2.com

京都市京セラ美術館を訪ねる

開催中 ▶ 2025.3.30 sun

特別展
「蜷川実花展 with EiM：彼岸の光、此岸の影」

©mika ninagawa, Courtesy of Tomio Koyama Gallery

写真家・映画監督の蜷川実花と各分野のスペシャリストで結成されたクリエイティブチーム EiM（エイム）による大規模展覧会。京都国際観光大使も務めた蜷川が、京都の街からインスピレーションを受け、本展のために制作した映像インスタレーションや立体展示で構成。CGではなく、日常の中にある光と影にフォーカスした現実世界の写真・映像を用いて表現される。約1500本に及ぶクリスタルガーランドを用いた展示や、奈落のように天地が抜ける空間、造花が咲き乱れる空間など、異界の深淵を巡るような作品群が続く全10作品の没入型絵巻体験を通して、“百人百様”の自己と向き合う時間へと誘う。

会場
新館 東山キューブ

観覧料
2300円（大専生1600、高校生1100円、中小生800円）

開催中 ▶ 2025.2.24 mon

コレクションルーム　冬期
特集「世界が見惚れた京都のやきもの～明治の神業」

三代清風與平《釉下彩花卉色絵浮文花瓶》
明治40年頃～大正３年　関和男蔵

明治時代、京都で生まれた焼きものは万国博覧会で人気を博し、多くが海外へ輸出された。本展では、その希少さゆえに西洋人コレクターを魅了した三代清風與平を中心に、卓越した美と技術の粋を展観する。

会場
本館 南回廊1階

観覧料
730円（市内在住520円、市内在住・通学の高中小生無料）

京都市京セラ美術館
075-771-4334
京都市左京区岡崎円勝寺町124
月曜休館 ※祝日の場合は開館
https://kyotocity-kyocera.museum/

Photo: Koroda Takeru

京都文化博物館を訪ねる

2025.2.15 sat ▶ 4.13 sun

特別展
「カナレットとヴェネツィアの輝き」

カナレット《昇天祭、モーロ河岸に戻るブチントーロ》
1738–1742年頃
レスター伯爵およびホウカム・エステート管理委員会、ノーフォーク
The Earl of Leicester and the Trustees of the Holkham Estate

景観画「ヴェドゥータ」の巨匠として知られるカナレット（1697-1768）の全貌を紹介する、日本で初めての大規模展覧会。スコットランド国立美術館などの英国コレクションを中心とした油彩、素描、版画など作品約60点を展観。出身地ヴェネツィアの景観を壮麗かつ緻密に描いたカナレットの画業と共に、18世紀の都市景観画というジャンルが成立された過程も紹介。カナレット以前や同時代の画家、その伝統を継承し新たなイメージを開拓していった画家たちによる19世紀の作品を通して、これまで日本ではほとんど取り上げられることのなかったヴェドゥータの広がりを知ることができる。

会場
4・3階展示室

観覧料
1800円（大高生1200円、中小生600円）
※上記料金で２階総合展示（2月15日～3月19日は休室）と３階フィルムシアターも観覧可能（但し催事により別途料金が必要となる場合があります）

2025.2.1 sat ▶ 4.13 sun ※一時休室 2.15 ～ 3.19

総合展示
「古写真と絵葉書で巡る京の名所」

黒川翠山撮影《東寺》明治末、
京都府立京都学・歴彩館蔵

京都を彩る名所旧跡はいつの時代も人々の心を掴み、写真や絵葉書という形でも愛されてきた。本展では京都府所蔵の明治後期から昭和初期の古写真や絵葉書を展示。ありし日の姿や今も変わらぬ景色が楽しませてくれる。

会場
２階総合展示室

観覧料
500円（大学生400円、高校生以下無料）

京都文化博物館
075-222-0888
京都市中京区三条高倉
月曜休館 ※祝日の場合は開館、翌日休館
https://www.bunpaku.or.jp/

Movies

四条烏丸のオフィス街にあり、世界の良質な作品から
知名度が低い小規模作品まで独自のプログラムを上映するミニシアター。
京都シネマ2月のおすすめ2作品をピックアップ。

『リアル・ペイン ～心の旅～』

©2024 Searchlight Pictures. All Rights Reserved.

サンダンス映画祭ウォルド・ソルト脚本賞を受賞したジェシー・アイゼンバーグ監督最新作が1/31(金)より公開。兄弟同然に育ち、今は疎遠となった従兄弟同士デヴィッドとベンジーが、亡くなった最愛の祖母を偲び、ポーランドのツアー旅行に参加する。旅での新たなる出会いと気づきに感情が揺れ動く。正反対の性格の2人がこの旅で得たものとは？

京都シネマ
075-353-4723
京都市下京区烏丸通
四条下ル水銀屋町620
COCON烏丸3Ｆ
各回完全入替制。開場時間の確認やチケットのオンライン購入は下記HPから
https://www.kyotocinema.jp

京都の老舗喫茶店「六曜社珈琲店」3代目・奥野薫平氏によるセカンドライン「6448COFFEE + ESSENCE」とコラボした「CINEMA CLUB COFFEE」を劇場にて販売中。鑑賞の際はぜひお土産に。
ドリップバッグ税込200円～

『ドリーミン・ワイルド 名もなき家族のうた』

© 2022 Fruitland, LLC. All rights reserved.

2/7(金)からは新たな音楽映画の傑作が公開スタート。ワシントン州の田舎町でレコーディングされた1枚のアルバムが、30年もの歳月を経て“埋もれた傑作“として再評価されー　実在の兄弟デュオ「ドニー＆ジョー・エマーソン」が辿った、驚くべき実話を映画化。ボブ・ディランの楽曲をはじめ、70年代前後に人気を博した珠玉の名曲たちが作品を彩る。

Picture books

出会いと別れの季節
「春」におすすめの一冊

『恋文の技術 新版』
869円
著：森見登美彦
出版社：ポプラ社　※写真は期間限定の全面帯

主人公は、京の都から遠い能登の地に飛ばされクラゲの研究を行う、しがない大学院生。

娯楽もない、友だちもいない、そんな淋しい苦境に立ち向かうべく、文通修行と称し、友人家族などと手紙のやり取りを始めます。

時系列に沿って繰り広げられるやり取りは、テンポもあって小気味良く、遠く離れた人々に想いが伝わる気持ち良さも感じられます。この時代だからこそ敢えて手紙で人との繋がりを確かめてみるのも良いのかもしれません。

大垣書店 Kotochika 御池店
今仁 真智子さん

大垣書店勤務歴９年。絶賛イヤイヤ期の娘を抱えているが、通勤電車で読む小説が息抜きと癒し。自宅に７千冊の蔵書を収納している書庫があり、いつか床が抜けてしまうのではないかとヒヤヒヤしている。

『パンどろぼう
おにぎりぼうやのたびだち』
1430円
作：柴田ケイコ
出版社：ＫＡＤＯＫＡＷＡ

おにぎりやさんの息子、おにぎりぼうや。ある時ついに「もう　おにぎりは　たくさんだ！」と言って家を飛び出してしまいます。飛び出した先で出会った新たな魅力に一目惚れ！　おにぎりぼうやは旅立つ決心をします。

今まで育ってきた環境を離れて旅立つというのは、ワクワクすると同時にとても勇気のいることですよね。新たな一歩を支えてくれる大切な人の存在、それを感じられるのもこの物語の魅力の一つです。

Cooking

All you need are these recipes

〈今回のアイテム〉

益やの食べるふりかけ

晩酌の一品や友人同士で楽しむホームパーティーのおもてなし料理にぴったり。暖かくなったらピクニックに持っていくのもおすすめ。「益やの食べるふりかけ」1袋200円（写真は４袋入り手提げボックス650円）を活用したお手軽レシピを紹介。使う材料はお家にあるもので簡単にできるので、ぜひ皆さんもチャレンジを。

ちょっとおしゃれなフィンガーフード **ブルスケッタ**

材料

- 「食べるふりかけ」　大さじ１
- バゲットスライス　４枚
- バター　10g
- マヨネーズ　大さじ１
- 塩　少々

作り方

1. バゲットに塩をかけ、食べるふりかけをのせる。
2. その上にバター、マヨネーズの順にのせ、トースターで焼いて完成。
※お塩はお好みで調整してください。

細かく粉砕された甘海老と帆立の風味が
口いっぱいに広がる一品

サクサク食感を楽しむ **油あげのトースター焼き**

材料

- 「食べるふりかけ」　大さじ1
- おあげ　60g
（一般的な京あげの3分の1枚）
- 醤油　小さじ1
- チーズ　お好みの量（大さじ1）

作り方

1. 醤油をまんべんなくおあげに塗る。
2. 食べるふりかけをかけて、チーズを上からのせる。
3. トースターで軽く焼き目をつけて完成。

海鮮の旨みに、チーズの濃厚さがマッチ

今回ご協力
いただいたお店

益や製菓

〈益や酒店〉がプロデュースする、おつまみブランド。京野菜や海鮮、ダシや製法にこだわったおつまみを京都の自社工場で製造し、酒蔵とコラボしたオリジナル日本酒一合缶なども京都タワーサンド1F店舗やオンラインショップで購入できる。飲食店は日本酒バル〈益や酒店〉のほか、烏丸蛸薬師の路地にある隠れ家〈サケホール益や〉や七条鴨川に程近いカフェ兼ギャラリー〈カモガワ アーツ＆キッチン〉などを展開。
https://masuya.kyoto/

Vol.02　麹とは？

ひみつの発酵食

和食に欠かせない味噌や醤油、日本酒などをつくる麹。京都は、麹文化発祥の地といわれ、その始まりは平安時代末期に麹の製造販売権を独占する〈北野麹座〉からとか。京都に残るのは創業300年以上の〈菱六もやし〉で、種麹＝麹菌を生産しているお店のことを昔から、もやし屋と呼ぶそう。

主な麹菌は4種。緑は、日本酒や醤油など。白は、甘酒や味噌。黒は、泡盛や黒焼酎。橙は、焼酎を作る時の麹菌とされ、それぞれ米などの穀類に麹菌を植え付けて培養する。そしてできた〈麹〉を使って発酵食品を作っていく。

麹をもっと知る！
＜菱六もやし＞で買える乾燥米麹で醤油麹に挑戦

醤油と同じように使える醤油麹は、まろやかで風味豊かな味わいと、減塩になるのが特徴。ドレッシングや和え物、炒め物にも使える。

■ 材料と作り方
- 乾燥米麹200g・醤油300cc
- タッパーなど密閉できる容器（密閉ガラス容器も可能）

1 大きめのボウルで乾燥米麹を両手でほぐしてもみ合わす。（塊がなくなればOK）
2 1を密閉容器に入れて醤油を加え、よく混ぜる。乾燥米麹が醤油をよく吸うのでヒタヒタになるように醤油の量を調節する。
3 常温で夏場は7日程度、冬場は14日程度発酵させる。（1日1回混ぜる）
4 指で麹の粒がつぶれるほど熟成すれば出来上がり。出来上がったら冷蔵庫で保存。

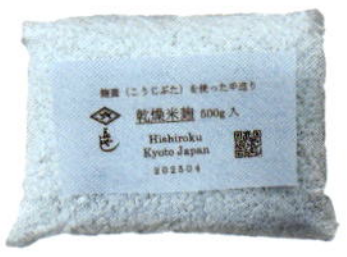

今回ご協力いただいたお店

菱六もやし

京都・東山で300年、種麹屋（もやし屋）を営む。年3回（4、6、9月）麹体験教室を開催。米麹パウダーや種麹の一般販売もあり、今回の醤油麹に使う乾燥米麹は、店頭では500g800円で買える。

ひしろくもやし
075-541-4141
京都市東山区轆轤町79
https://www.instagram.com/hishiroku.sukeno/
https://1469.stores.jp/

— 登場人物 —

みやこちゃん
新婚の働く主婦。メタボ気味な夫を健康にしたいと食に気遣ううちに、発酵食に目覚める

麹菌のコージー
麹菌の妖精。麹菌以外で作られている発酵食も熟知し良さを伝える、主婦の味方となる先生

イラストレーター
漫画家
おおえさき

イラストやマンガ、映像などの作品創作に加え、ラジオDJとしても活動。主な作品に、著書『ショート・ショート・キョート』、ロックバンド・くるりの楽曲『益荒男さん』MVアニメーションなどがある。現在、FM京都毎週日曜20時～番組『FLOWER HUMMING』を放送中。

@ohyeah_saki

— 京都の「？」を解消 & お悩み相談 —

京都をめぐる四季や暮らしの中で、ふとした時に感じる疑問やお悩みにお答えします。

京都の「？」

Q

京都では、ひな祭りに「ひちぎり」という和菓子を食べる風習があると聞きました。雛あられや菱餅が定番だと思っていたのでどんな和菓子なのか気になります。

下京区　まこと甘いもん好きさん

A

京都人には「ひちぎり」は桃の節句に欠かせないお菓子。

その愛らしい姿に「あ〜、今年も春を迎えたんやな〜」という早春の陽気を告げるお菓子でもあります。

毎年、我が家では、3月3日から旧暦4月3日にお雛様を飾ります。家族の中の女性陣が、お人形の位置やお道具の確認をしながら騒々しく飾り付けします。愉しみは、ちらし寿司にハマグリのお吸い物や笹カレイの干物に白酒など「良縁、健康、繁栄」を願った食事を通して春の縁を味わいつつ、おしゃべりしながら賑やかにいただくことです。

中でも京菓子の「ひちぎり」をいただく時は、お抹茶を一服、姿勢正しくお雛様に供えます。京都人の行事は、宮中の行事を町衆がそれぞれの慣習にしています。宮中で召された「ひちぎり」は、真珠を抱いている阿古夜貝に似ていることや引きちぎったお餅の独特な形、春らしい蓬の色合いがあります。それをさらに京菓子店の手業によって、餡玉を抱えたり、淡いピンクや白のキントンがのせてあったりと工夫されていて、どちらのお菓子をいただくか、大変悩みます。

毎年「ひちぎり」を食べるたび、女性の健やかなる行く末を願うお菓子だけに、自分がお菓子に似合う女性に成長しているかとヒヤヒヤしてしまいますが、祖父母や両親が毎年変わらず用意してくれたことを和やかに続けて行けたら良いなあと思っています。

画像提供：京菓子司 末富

答えていただいたのは

中川典子さん

昨年20周年を迎えた「京都・和菓子の会」を主宰。本業は銘木師であり、坂本龍馬を匿った江戸期創業の材木商〈酢屋〉を引き継ぐ㈱千本銘木商会の専務取締役。京都市「DO YOU KYOTO ？ネットワーク」大使（環境大使）も2009年より務める。

お悩み相談

Q

夫婦共働きです。夫は育児に無関心ではない（本人は協力しているつもり）ですが、体力的にも時間的にも私ばかり負担が大きくストレスがたまりがちです。

北区　まいまい さん

A

子育ては大変と思うことが多いですね。特にお子様が小さいあいだは、毎日が追われるように過ぎてゆきます。しんどい時はどうしてもしんどさばかりに目を奪われがちで、憂鬱になりますね。また、忙しい時に限って子どもが抱っこをせがんできたりして、イライラすることもあるでしょう。

でも、そんな時期もあっという間に過ぎ去ってしまい、気づいたら子どもは大きくなって親から離れてゆき抱っこしてあげたくてもできなくなります。この瞬間は今しかありません。今しかないこの瞬間を楽しんでいただけると良いと思います。

子どもって、小さいのに実はとってもすごいんです。大人が思う以上にいろいろなことをよく分かっていて、ちゃんと自分の意思も持っています。少し視点を変えれば、子どもは大人を育ててくれる尊敬に値する存在です。

そうは言っても子育て中は「私ばかりしんどい目をしている」という気持ちになることもありますね。その気持ちを認めつつも一旦脇に置いて、パートナーさんが少しでも協力してくださったら、すぐに「あなたが〇〇をしてくれて私はとても助かった、嬉しかった。」と心からの感謝を伝えてみてください。一緒に子育てを楽しんでいただけるのではないでしょうか。

答えていただいたのは

鞍馬山保育園

子ども一人ひとりが楽しくイキイキと過ごし、保護者の皆様も子どもの育ちを実感できて楽しく、保育者は子どもから多くを学んで成長できる。そんな、みんなが輝くことができる保育園を目指しています。
https://www.kuramayama.jp

— 疑問＆お悩み募集 —

京都にまつわる素朴な疑問や、あなたのお悩みを大募集！
件名に「疑問お悩み相談室」と明記し、ご返信先のお名前、メールアドレスを明記の上、下記のアドレスまでお待ちしています。
「KYOTOZINE 編集部　kyotozine@gmail.com」まで

From The EDITORS

あなたの“おいしい”は見つかりましたか？
今回は誌面で色々な京都の、“おいしい”をご紹介しました。

取材先の岐阜で出会った鉄板焼き店にて　Photo Moriyoshi Ogaki

最近、日本酒にものすごくハマった。もともと飲まないわけではなかったが、ここまでハマるのは初めてだ。自宅用に酒燗器まで導入してしまう始末。そういえば大学生のころ、春の新歓コンパのために円山公園の場所取りを２日徹夜で実行したことがある。夜中はものすごく冷えるし時間が経つのも遅いので、麻雀と日本酒、つまみを持ち込んで、月明りと街灯に照らされながら桜の下で徹マンしたことが思い出される。あの時の日本酒もうまかった。

（大垣守可／編集長）

今回は深夜の校正作業がとても辛かった。空腹と疲労のあふれる体に、おいしそうな写真に、よりおいしく伝えるには？と考える作業がとても身にしみる。思い出されるのは、味見をさせていただいた料理の味とともに、お話を聞いている時のみなさんの表情。おいしい、というのは料理の味だけではなくて、店の雰囲気やサービス、何より料理人の愛から来るのだと。また後日改めて、今度はゆっくり味わいに伺おうと思っている。

（島村幸江／副編集長）

私の“おいしい”一冊

本誌に登場してくださったみなさまの今号にまつわる一冊をご紹介。

● **『京都の中華』**
姜尚美／幻冬舎文庫

京都のおいしい中華店だけでなく、その系譜までが美味しく楽しめる一冊。

（SHOWKO ／陶芸家／ SIONE 主宰）

● **『料理の四面体』**
玉村豊男／中公文庫

この本を読んだおかげで料理に抵抗なく自由に創作できる喜びを得れました。

（小平泰子／料理人）

● **『ＯＨ！ＭＹコンブ』**
かみや たかひろ／
（コミックボンボンコミックス）講談社

小学生の頃に見て料理の自由を知りました。

（入江哲生／料理人）

● **『夜中の薔薇』**
向田邦子／講談社文庫

火傷覚悟で挑む「わかめの油いため」に心惹かれました。

（佐藤美早／喫茶店店主）

● **『京菓子のしおり 塩芳軒 季節のいろどり』**
髙家啓太／淡交社

二十四節気や祭事について、和菓子とともに楽しむことができました。

（岡元麻有／ be 京都 ギャラリー館長）

● **『わかったさんのアイスクリーム』（わかったさんのおかしシリーズ（7））**
寺村輝夫 作／永井郁子 絵／あかね書房

小さい頃ケーキ作りなどに興味があった私に母親が買ってくれました。私が飲食業を目指すきっかけにもなったかも？な本です。

（寺阪里穂／飲食業）

松井孝治
まつい こうじ

京都市長。1960年京都市生まれ。東京大学卒業後官僚を経て参院議員を2期、内閣官房副長官を務め、慶応大総合政策学部教授の後に2024年現職。好きなものは、飲食店巡り、伝統芸能や古典音楽鑑賞、猫。

ダシが主役の料理をつまみながら
お気に入りの場や人がつながる至福

上／鴨のおだしの中華そば１玉1300円、写真は市長がいつもオーダーする半玉700円。牛肉のしぐれ煮玉子とじ800円、かぶら蒸し900円
下／入店したらまずおでんダシ（右手前）、最後には季節のおダシ（右奥）を提供。ぽてとサラダ600円はダシで炊いたジャガ芋と煮玉子が入ったしっとり系

町の常連に出会う

市長ブラブラ おいしいさんぽ

西木屋町通り沿いの四条以北、本日の松井市長の目的地は個性的な飲食店やバーが名を連ねる［たかせ会館］。その一階、“にほん酒とろうそくとおだし”と書かれた提灯の先に知る人ぞ知る〈よこやまろうそく〉が現れる。「どことなく、部屋とＹシャツと私、みたいな響きでしょ」と場を和ませてくれたのは、店主の横山さん。実家の和ろうそく屋さんにちなみ、この店名で開店したのは2016年のこと。「割烹や創作系で料理人として修業してた時から、客として20年ほど通っていた大好きな会館。空きが出たと聞いてすぐ手をあげたんです」

店内はカウンター６席のみ、表情が見える距離感や、店主とのなにげない会話を好む市長好みのツウな空間。「話しているうちに、市役所の近所にあるお気に入りの銭湯〈玉の湯〉のご主人と横山さんが中学の同級生だとわかって。ひょんなことからご縁の点と点がつながっていくのも、京都で呑む醍醐味ですね」と松井市長。毎日、錦天満宮からいただく地下水でひいたダシを使った料理をつまみに、日本酒を傾けるのが至福の時間なのだそう。「始めにダシが出て最後もダシで締めくくり。まっすぐダシと向き合う店主の心意気に心満たされる一軒です」

にほん酒 と ろうそく と おだし
よこやまろうそく
にほんしゅ と ろうそくと　おだし
よこやまろうそく

075-212-8998
京都市中京区西木屋町通四条上る紙屋町367-2
たかせ会館1F
Facebook→よこやま ろうそく

▼次回予告

NEXT ISSUE

特集：

京都の、住まい

京都の住まい、と言われると、どんな光景が思い浮かびますか？京都に暮らす人の住まいや、伝統的な意匠や造りが施された観光地にあるような部屋、はたまた京町屋やモダン建築など…。京都の住まいを見つめると、色々な暮らしぶりが浮かんで見えてきます。
気になるあの人の暮らし方に、京都の文化的な視点からの住まいに、居心地の良い部屋へのヒントなど、京都の住まいを見つめる内容をお届けします。

**KYOTOZINE Issue.03は
2025年4月30日発売！**

内容は都合により変更される場合があります。

Small Story

街で出会った人の、小さなお話

私は京都のワイン酒場で働く25歳。学生時代のコンビニアルバイトは6年半も続けられたし、阪神タイガースファン歴も15年、持続力も忍耐力もある方だと自負してた。なのに新卒で入社した会社員は一瞬でつまらなくなった。わずか2ヶ月でイヤになり、辞めた。

23歳にして人生の路頭に迷い、次の職が見つかるまでと、とりあえず、で手伝い始めた母のバー。西木屋町にあるちいさなお店だが、毎日沢山の新しい人たちと出会うようになった。元々飲食の友人が多い母親だったため、お客さんも仕事終わりの料理人がほとんど。その中のひとりに「しえちゃん、ここで働きいや」と紹介してもらったのが、四条寺町にあるワイン酒場「ekaki」だ。一応、2年半続いている。

飲食未経験の私に、お皿の洗い方から、コルクの抜栓、サービス、飲食のいろはのいを、沢山教えてもらった場所だ。ちなみに週6で酒を飲むようになったのも、2年半前からである。

元々食べることも、飲むことも大好きだったが、飲食で働き始めてからより一層、おいしいものへの興味が増えた。ソースひとつとっても、「何が入っているんだろうか、家でマネしてみよう」とか、「この料理にはシュワッとした白ワインが良いよね」、「豆ったワイン（ナチュラルワイン特有のオフフレーバー）とこのスープ、案外合うな」だとか、〝おいしい〟の一歩先にいきたくなるのである。それは、料理の楽しさや、素晴らしさを存分に近くで見ることができる環境にいるからだと、私は思う。それだけじゃなく、お店のスタッフや隣のお客さんとの会話で〝おいしい〟は1から2へ、2から10へ増やすことができる。そんな飲食の魅力に私は虜になっているのだ。

そんな私は、1月から母のバーで間借り営業を行うことになった。自分が0から生み出したもので、みんなを「おいしく」させたい。沢山の人が来ることを願って、メニューを考えることの時間すら愛おしいのだ。

（荒川詩映／飲食業）